"El amor de tus hijos y hacia tus hijos, es eso que te hace despertar cada día, te da aliento, esperanzas y fuerzas para afrontar todos los obstáculos y retos que se te presenten en la vida. Y al final agradecerás todo ese amor que te acompañó cuando más lo necesitabas."

Preso a la fuerza

Laura Fernández Lendínez

Impresión y editorial: BoD – Books on Demand
info@bod.com.es - www. bod.com.es
Impreso en Alemania – Printed in Germany

ISBN: 978-8-4112-3142-8

ÍNDICE

INTRODUCCIÓN

Una frase típica en nuestras conversaciones es: "Ni los buenos son tan buenos, ni los malos son tan malos".

Esta frase si lo pensamos bien y la llevamos al ámbito de la justicia se podría decir que inquieta bastante.

No estar al cien por ciento de las decisiones que se toman en determinados casos puede llevar a personas inocentes a prisión y marcarles de por vida.

Aunque el hecho de acabar entre rejas sin haber cometido un delito suene a película lamentablemente no es un tema de ficción y suele ocurrir más de lo que nos esperamos.

El Consejo General del Poder Judicial admite una veintena de errores judiciales en el último lustro.

Más allá de casos mediáticos son varios los casos en los que se condena a alguien por error y después se intenta subsanar poniendo al preso en libertad o abonándole una suma de dinero por los días pasados en prisión.

Suelen darse como más comunes para condenas erróneas identificaciones mal hechas, defectos en el trabajo policial o científico, confesiones y declaraciones falsas.

Ha habido personas condenados de forma injusta por asesinatos, robos o violaciones que no cometieron.

Un ejemplo muy cercano a nuestros días fue el de Dolores Vázquez que sufrió un auténtico linchamiento social por asesinato de Rocío Wanninkhof y posteriormente se descubrió que no era culpable.

Todos los años hay sentencias injustas, muchas de ellas de cárcel.

Entre los años 2002 y 2009 se acumularon hasta ciento veinticinco casos de personas víctimas de graves errores judiciales.

Hoy en día la mayoría de los casos terminan cayendo en saco roto y sólo un cinco por ciento de los casos reciben compensaciones económicas y cuando lo hacen pueden resultar demasiado escuetas.

Los terribles errores que en muchas ocasiones depara la maquinaria judicial no siempre son resarcidos económicamente. Y si lo son, las cantidades no suelen ser para tirar cohetes. El resarcimiento del Estado a veces es sólo moral y se limita a una admisión del error.

Los errores judiciales más sangrantes surgen cuando los jueces detienen o privan de libertad a un inocente. Luego hay otros que la justicia entiende menos graves y que no siempre son resarcidos: por ejemplo, el encarcelamiento preventivo de un sospechoso que más tarde es exculpado mediante sentencia por falta de pruebas.

Pues bien, mi hijo es uno de esos casos en los que la justicia sin más ha decidido que entre en prisión sin más pruebas que un vídeo. Ha llegado el momento que se sepa cómo funciona la justicia en España, cómo trabaja la Policía Nacional de nuestro país y cómo actúan los abogados eso sin olvidar que cuando te juzgan para ir a prisión el derecho de presunción de inocencia no existe. Dejas de ser persona para ser sin más un preso más.

CAPÍTULO 1

Jueves 23 de septiembre 2021

No se me va de la cabeza, tengo el presentimiento de que algo malo va a ocurrir. Tengo escalofríos en la nuca y el vello erizado de los brazos.

Ayer le llegó una notificación policial a mi hijo para que se persone. Le pregunté si sabía de qué se trataba y me dijo que no, no tenía ni idea de qué era. Me quedé intranquila.

Me he vestido corriendo para acompañar a mi hijo Aarón a la comisaría y le he dejado preparada la ropa y el calzado para su nuevo trabajo.

Por el tema del trabajo de mi hijo estoy contenta, le han cogido en uno de los mejores restaurantes de la zona en la que vivimos. Aarón está nervioso, quiere causarle buena impresión al jefe.

Aarón es un niño de diecinueve años, alto, de complexión atlética, moreno, con unos ojos enormes color avellano con un halo verde alrededor del iris. Es un chico llamativo físicamente. Tiene muchos sueños en mente, uno de ellos es tener su propio dinerito para no pedirme que le pague sus caprichos. Eso a mí me parece genial, significa que quiere hacer las cosas bien y que quieres que te diga, para mí, no es porque yo sea su madre, pero es el niño más guapo del mundo. Bueno, en realidad si es porque soy su madre y para una madre siempre sus hijos son los más guapos.

Mientras desayuno vuelvo a leer la notificación entregada por la policía:

CÉDULA DE CITACIÓN OFICIAL

Sírvase comparecer, Aarón con DNI 00000000H, nacido el día 24 de junio del 2002 en Madrid, con últimos domicilio conocido C/ La palma Nº87 5ºC de Madrid, en esta Comisaría de Madrid, el día 23 de septiembre de 2021 a las 09:30 horas, todo ello en relación al Atestado de esta Comisaría.

Madrid a 22 de septiembre de 2021

Aarón se ha levantado, se ha vestido y se ha sentado a desayunar conmigo. Va vestido con un pantalón de chándal viejo gris y una sudadera color granate también vieja, la verdad es la ropa más vieja que tiene, pero es con la que más cómodo va. Nota mental, este fin de semana tenemos que ir a comprar más ropa para él y tirar toda la ropa vieja que tiene.

Hemos terminado de desayunar y hemos bajado al garaje a coger el coche, estamos tensos porque no sabemos con qué nos vamos a encontrar en Comisaría. De camino Aarón me comenta que a un conocido suyo también le han citado para ese día a esa misma hora, eso me empieza a preocupar algo más. La sensación de que algo no está bien no me abandona y sigo con escalofríos en la nuca.

Llegamos a Comisaría a las nueve y veinte horas de la mañana, nos recibe un agente de policía nacional.

- *Buenos días agente, ¿Podría usted indicarnos dónde tenemos que acudir para que nos informen sobre esta citación?*

- *Buenos días, si, mire, siéntense ahí junto a la máquina de café que ahora les atiende un compañero.*

- *Muchas gracias.*

Aarón y yo accedemos al lugar indicado pasando por el arco detector de metales, subimos los tres peldaños de escaleras que hay para llegar a la máquina de café y nos sentamos en el banco de madera color abedul que hay junto a ella. Pasados cinco minutos mi hijo se dirige a mí por lo bajo y me dice al oído.

- *Mamá, ese que acaba de entrar por la puerta es el conocido al que te dije que también habían citado.*

Miré hacia donde me indicaba mi hijo disimuladamente. No pude evitar la sensación de agobio y malestar que me entró en ese mismo instante al mirar a la persona que estaba junto al arco.

La actitud del recién llegado era chulesca y desafiante, su mirada a pesar de llevar una gorra se veía fría, vacía, vestía con ropa holgada, más bien era como si llevase puesto cinco tallas más de las que debería usar. Observé como el recién llegado no le quitaba la mirada de encima a mi hijo, se notaba el desafío que esa mirada suponía.

Me giré a mirar a mi hijo y pude ver que no se atrevía a levantar la mirada del suelo, algo muy serio había pasado y mi hijo no se atrevía a contármelo, le noté con miedo y abatido totalmente. Me senté junto a él y le pregunté:

- Aarón, ¿Que has hecho?

- Yo nada mamá.

- ¿Y tu colega o conocido?

- Él sí.

En ese momento apareció un agente vestido de paisano, gordo, pelo canoso, vestía una camisa de cuadros y unos pantalones de pana color tierra, tenía aires de prepotencia. Ya no pude continuar hablando con mi hijo. El agente le llamó y se lo llevó sin apenas dejarme hablar con él.

Me acerqué al agente:

- Buenos días agente, vengo acompañando a Aarón.

- ¿Y Usted quién es? - Vaya trato nefasto de entrada, pensé. ¿Tendrá un mal día?

- Buenos días agente. - Volví a repetir por si no me había escuchado al principio - Soy la madre de ...

- Muy bien señora, ya se puede ir. Ya nos hacemos cargo nosotros. - ¿Qué está pasando? ¿Dónde están los modales de los agentes de policía?

- Mire agente yo me marcho, pero dígame cuando puedo venir a recoger a mi hijo porque a las dos de la tarde el muchacho tiene que entrar a trabajar, ayer le....

- *Márchese señora. Su hijo no va a salir hasta que lo diga el Juez.*

- *¿Cómo que el Juez?, nadie nos ha informado de nada, ¿Que está ocurriendo?*

- *Nadie tiene que informarle de nada porque usted, señora, ya sabe de qué está acusado su hijo.*

Mi gesto en ese instante debió de cambiar, paso de un normal a uno de indignación, enfado e incluso creo que debieron de salirme cuernos, ese hombre fue capaz de sacarme de quicio en cuestión de segundos por el trato que estaba recibiendo. ¿No se supone que los agentes de policía son respetuosos con las personas? El agente debió percatarse de mi cambio emocional porque por lo menos se dignó a mirarme a la cara, cosa que no había hecho aún en ningún momento.

- *Perdone agente, soy la madre del muchacho y no, no se absolutamente nada y usted no me explica nada.*

- *Mire señora, su hijo ha robado una cadena y usted lo sabe.*

- *¿Una cadena?, mire agente, mi hijo podrá ser todo lo que usted quiera, pero no es un delincuente ni un ladrón.*

- *Ah, ¿no?, si no lo ha sido él han sido sus compañías.*

- *Agente, lo que hagan otros no es motivo para acusar a mi hijo de algo tan grave.*

- *Mire señora, me da igual lo que me cuente, márchese de aquí y que sepa usted, que voy hacer todo lo que esté en mi mano para que su hijo no vuelva a ver la luz del sol en mucho tiempo.*

Me quedé paralizada mirando fijamente a ese agente de policía, no podía creer lo que acababa de escuchar. Me acababa de confirmar que necesitaban un culpable sí o sí y que se iba a llevar por delante a cualquier persona sin importarle realmente si era culpable o inocente. Que poco respeto ofrecen para lo que ellos piden. Desde ese instante dejé de confiar en la policía.

El agente de policía me miró por encima del hombro y se marchó con una mueca en su boca simulando una sonrisa.

Sin darme cuenta comencé a caminar hacia la puerta, levanté la vista y observé que el supuesto conocido de mi hijo ya no estaba donde el arco, había traspasado las puertas de cristal de la comisaría que daban a la calle y estaba tranquilamente fumándose un cigarro. Abrí la puerta de cristal y mientras las traspasaba iba pensando... ¿Me acerco y le pregunto?

Él se percató de que le estaba observando, con la mano izquierda se bajó la visera de la gorra intentando fingir que no me había visto mirarle mientras que su mano derecha sujetaba el cigarro que se estaba fumando tranquilamente. La sensación que me dio en ese momento fue de dejadez, como que le daba igual todo lo que ocurriese, como si la cosa no fuese con él.

Decidí no preguntar nada por miedo a no saber cómo una persona desconocida podía reaccionar. Bajé las escaleras de la comisaría y me dirigí al parking donde tenía aparcado el coche.

Una vez dentro del coche me encendí un cigarro mientras intentaba tranquilizarme a mí misma, me intentaba convencer que mi hijo pasaría únicamente la noche en el calabozo y mañana por la mañana estaría de nuevo en casa, ya habíamos pasado por una situación similar hace poco. Una vez estaba más tranquila arranqué el coche y me dirigí a mi trabajo.

Mientras trabajaba no paraba de pensar en la acusación tan grave que querían encaramarle. Sobre la 1 de la tarde comienza a sonar mi móvil, en la pantalla pone POLICIA NACIONAL, sé que es mi hijo, descuelgo y le escucho decir

- Mamá, soy yo, me tengo que quedar detenido.

- ¿Por que motivo?

- Me acusan del robo de una cadena que yo no he robado. Por favor, llama al restaurante donde voy a empezar y diles que hoy no puedo ir por algún motivo.

- Ok hijo, no te preocupes.

- Mamá, Te quiero.

- Yo más.

Tras colgar busco en internet el teléfono del restaurante y llamo para explicar un motivo por el cual mi hijo no va a poder asistir en su primer día. El jefe me dice que muchas gracias por avisar y que poca gente lo hace, parece agradable.

El resto de la tarde transcurre con normalidad, no recibo más llamadas de mi hijo y aviso a mi madre de lo que está ocurriendo con su nieto. No entendemos nada de lo que está pasando, pero estamos seguras de que mañana tras el juicio mi hijo estará en casa para contarnos y todo habrá sido un malentendido.

CAPÍTULO 2

Viernes 24 de septiembre 2021

No he pegado ojo en toda la noche. Aún estoy alucinando con las acusaciones hacia mi hijo.

Son las nueve y media de la mañana, estoy desayunando y observando el móvil, me quedan treinta minutos para entrar a trabajar. Ya me conozco como actúa la Policía en estos casos, te retienen toda la noche y a las diez de la mañana te llevan al juzgado de guardia, te hacen una vista rápida y a las doce de la mañana ya estás en casa normalmente.

Salgo de casa y bajo al garaje con el móvil en la mano, hoy lo voy a tener encima todo el rato, estoy esperando que me avise que ya ha salido del juzgado y así me informe de lo que le dicen.

Son las once de la mañana, miro el móvil y pienso que es pronto para que me avise. Sigo trabajando.

Las doce de la mañana, miro el reloj que tengo colgado en la peluquería, ya tiene que estar a punto de salir y llegar a casa, estoy convencida que en breve me va a llamar.

Pasa la una y las dos de la tarde, intento llamar al móvil de mi hijo y una locución me dice: - *"El teléfono al que usted llama está apagado o fuera de cobertura, por favor, inténtelo más tarde".*

La sensación de escalofríos y nerviosismo va aumentando por momentos, es raro que aún no me haya devuelto la llamada. Me lío un cigarro y salgo a fumar a la calle mientras pienso que es lo que podría estar pasando. El Juzgado de nuestro municipio cierra a las dos de la tarde, algo va mal, no me gusta esta sensación tan extraña.

Termino de fumar el cigarro y entro de nuevo al local mientras busco en mi listín telefónico el teléfono de Policía Nacional, cuando por fin lo encuentro le doy a llamar.

Un tono... Dos tonos.... Nada, nadie atiende el teléfono. Cuelgo y vuelvo a intentarlo.

Un tono... Dos tonos... Tres tonos....

- *Policía Nacional, dígame.*

- *Buenas tardes agente, le llamo porque ayer arrestaron a mi hijo y quería saber si ya pasó a disposición judicial o si sigue en el calabozo.*

- *Dígame el nombre de su hijo*

- *Se llama Aarón.*

- *No señora, aquí no tenemos ya a nadie en los calabozos.*

- *¿Está seguro agente?*

- *Si, aquí no hay ningún detenido con el nombre de su hijo.*

- *Ok, muchas gracias agente.*

Los nervios me están matando, mi hijo ya no está en los calabozos de la comisaría, eso quiere decir que ya fue visto por el Juzgado y tendría que haber llegado. ¿Habrá ido directamente al trabajo a comentarle al jefe lo que le ha ocurrido?

Miro el reloj, son las tres de la tarde, cierro la peluquería y me marcho a comer.

No tengo gran cosa para comer, pero da igual tampoco tengo mucha hambre, me caliento un café con leche y me lo tomo junto con unas galletas, eso es todo lo que mi cuerpo admite en estos momentos. Cojo el teléfono y llamo a mi madre.

- *Aun no sé nada del niño.*

- *¿Aún nada?*

- *No, es muy raro, ya tendrían que haberle soltado.*

- *¿Llamaste a comisaria?*

- *Si, me dicen que ahí no tienen a nadie retenido ya con el nombre del niño.*

- *¿Has llamado al juzgado?*

- *Ya no se puede llamar, sólo trabajan hasta las dos de la tarde.*

- *Pues es muy raro toda hija, ¿No hará ido a trabajar directamente?*

- *No lo sé, eso trato de averiguar. Le estoy llamando al teléfono y sigue dando apagado.*

- *Hija espera a esta noche, verás como se ha ido directamente al trabajo.*

- *Eso espero.*

- *Que sí, ya verás. Venga tranquilízate que luego le tendrás en casa.*

- *¿A qué hora vas al hospital?*

- *Ya estoy de camino.*

- *Vale, llámame luego para contarme lo que te dicen del bulto.*

- *Vale, cuando salga de la consulta te llamo y te cuento que me dicen.*

A las cuatro de la tarde estoy de nuevo en el trabajo, no me despego del teléfono, en cualquier momento me puede llamar. Intento atender a las clientas con mi mejor cara, pero tengo el presentimiento que algo malo va a ocurrir. Es curioso que esta sensación no me abandone desde hace varios días, normalmente cuando esto me ocurre me suele durar únicamente unas cuantas horas.

Pasa el tiempo, sin respuesta aún, no entiendo nada. La desesperación comienza a crecer y crecer. El corazón me late muy rápido, me falta aire en los pulmones.

Por fin suena el teléfono, es mi madre.

- *Ya he salido de la consulta* - La noto rara, como ahogándose-.

- *¿Y qué te han dicho?*

- *Siéntate hija y no por favor no te vayas a asustar.*

- *¿Qué te han dicho? cuando empiezas así algo malo hay*

- *El bulto que tengo en el cuello no es bueno, me tienen que operar.*

- *¿Cómo?, ya sabía yo que eso no podía ser bueno, mira que te dije que te lo mirases y tu pasabas de hacerlo.*

- *Tranquila que sólo es una pequeña operación. El mismo día me voy a casa.*

- *Bueno o malo no deja de ser una operación. Recuerda lo que ocurrió cuando te hicieron los lagrimales.*

- Si, pero esta vez no tengo catarro, no me va a pasar nada.

- Da lo mismo, es una operación

- ¿Se sabe algo ya del niño?

- Que va, encima tú no me acabas de dar buenas noticias así que más desesperación aún.

- Lo mío no es nada. A ver si llama ya tu hijo, ya es muy raro todo esto.

- Vale, cuando sepa algo te llamo, voy a continuar trabajando.

Ya es difícil no saber nada de tu hijo en cuarenta y ocho horas y si a eso le sumamos la operación de un tumor a tu madre la desesperación llega a ser total.

A las seis de la tarde recibo una llamada desde un número que no conozco. Lo cojo pensando que puede ser del juzgado para decirme que vaya a recoger a mi hijo, pero mi sorpresa no es esa. Es mi hijo.

- Mamá, me han metido a la cárcel, no voy a salir.

- ¿Cómo? ¿Me tomas el pelo?

- No mamá. - Mi hijo llora - necesito que apuntes los datos que te voy a dar. Ahí tienes que ingresarme dinero para poder comprar aquí todas las semanas.

- No puede ser, no me creo que te hayan metido en la cárcel por algo que tú no has hecho.

- Mamá, estoy jodido.

- No te preocupes, voy a buscar un buen abogado que te saque de ahí. Ese no es tu sitio.

- Si mamá, por favor, sácame de aquí, no hice nada de lo que me acusan.

- Tranquilo, no estás solo.

- Mamá, tengo que colgar, sólo me han permitido avisarte y darte los datos que necesitas.

- Tranquilo hijo. Voy hacer lo posible por sacarte de ahí.

- Adiós mamá, me obligan a colgar.

- Adiós mi vida.

Sabía que algo no estaba bien ¿Cómo puede ser la justicia tan injusta? ¿Qué pruebas tienen para acusar a mi hijo? Llamo a mi madre.

- Ya me ha llamado el niño

- ¿Ya está en casa?

- No mamá - Rompo a llorar - Me han quitado a mi hijo. Está en la cárcel

- Venga ya hija, no me cuentes tonterías

- Mamá es en serio, está preso y yo me estoy muriendo.

- Tranquila hija habla con el abogado de oficio

- No pueden quitarme a mi hijo sin motivos, es injusto ¿Cuánta gente mata o viola y está fuera?

- *Tranquilízate, te va a volver a dar un amago de infarto, no estás bien y no puedes sofocarte.*

- *¿Y qué hago cuando me acaban de quitar lo más importante de mi vida?*

- *Tranquila, llama a tu hija, cuéntale la situación y que venga a apoyarte.*

- *¿Y meter a una niña de diecisiete años en algo que no debería estar ocurriendo?*

- *Tranquila intenta descansar algo y mañana vemos como lo arreglamos.*

- *Vale. No voy a poder descansar nada*

- *Lo sé, inténtalo.*

- *Vale*

En ese momento me di cuenta que algo en mi interior se había roto completamente. Me di cuenta que ya no volvería a ser la misma nunca más. La justicia tan injusta me había arrebatado lo único que me había hecho feliz, mi hijo. No quería venganza, solo quería que me devolviesen a mi hijo a toda costa, quería demostrar que esas acusaciones eran totalmente falsas.

Esa misma noche llamé a mi hija y le conté lo sucedido, ella no podía creérselo, intentó llamarle, pero vio que nadie le respondía al teléfono. En ese momento sé que intentó no venirse abajo, pero la cabeza de una adolescente es muy compleja, es muy difícil averiguar qué es exactamente lo que pasa por su mente y ella no tardaría mucho en explotar.

Desde ese mismo día dejé de creer que la justicia era justa. Toda mi obsesión se centró en sacar a mi hijo de ahí cuanto antes y averiguar qué es lo que realmente había ocurrido, cuando había ocurrido y cómo había ocurrido.

CAPÍTULO 3

Sábado 25 de septiembre de 2021

Mi corazón late tan rápido que tengo miedo que me dé un infarto. No he dormido nada en toda la noche, sigo pensando en la injusticia que se ha cometido con mi hijo y en la maldad que puede albergar una persona. Pensé que con la pandemia COVID 19 que estamos pasando la gente se volvería más humana, más humilde, pero volvía a equivocarme. El mundo se ha vuelto más antisocial, más inhumano, más dañino. ¿Es este mundo que queremos?, yo desde luego no.

Me vine pronto al trabajo, quiero repasar mi lista de conocidos en el móvil y contactar con los que puedan recomendarme un buen abogado de pago para poder sacar a mi hijo de esa prisión.

Lo primero que hago es llamar a mi amiga Yolanda.

- Hola nena, perdón por las horas. ¿Sabes o conoces de algún abogado penalista?

- ¿Que ha pasado gorda?, estaba dormida.

- Mi hijo, está en prisión. Le acusan de un robo con violencia. Le han metido en preventiva hasta que salga el juicio. Necesito un abogado de lo penal. Quiero recurrir la preventiva, aseguran que tenía que entrar ahí porque tiene riesgo de fuga y no es cierto. Hay pruebas

más que suficientes para demostrar que ese argumento es mentira. No puedo más. Estoy rota del todo con esto.

- Te paso el número de Jorge, él es matrimonialista y penalista, explícale lo que ha pasado, a ver si él puede ayudarte, si el no pudiese seguro te recomienda otra persona.

- Estoy agotada, llevo cuarenta y ocho horas sin dormir.

- Jorge abogado, este es su número.

- ¿Crees que me lo cogerá hoy?

- Seguro que sí, es encantador y él te dirá que hacer. Es muy sincero y buena gente. Llámale y si no lo coge insiste, a veces duerme fatal y se levanta tarde.

- ¿Ok, le digo que voy de tu parte o algo?

- Si.

- Voy a probar, mil gracias bombón.

- Me cuentas bonita.

Yolanda para mí es la mejor persona que me he podido cruzar en la vida. Nos conocimos hace unos años cuando ambas trabajábamos en una residencia de ancianos en Madrid. Desde el primer momento que nos vimos surgió una conexión especial, desde entonces hemos sido inseparables a pesar de la distancia que en estos momentos nos separa. Jamás damos un paso sin contar la una con la otra. Personas como ella hay pocas y doy gracias por que ella haya aparecido en mi vida en el momento que más la necesitaba, para mí es mi ángel de la guarda, mi amuleto de la suerte y como yo la digo en muchas ocasiones, mi pepito grillo.

Pruebo a llamar al abogado que me ha recomendado mi Yolanda. Da tono, pero no lo coge nadie. Entra una clienta y no puedo seguir llamando.

Atiendo a la clienta y le escribo un WhatsApp a mi Yolanda.

- Nada, no lo coge. Cuando acabe con el tinte de la clienta que tengo lo vuelvo a intentar.

- Si, no dejes de hacerlo, ya te digo que duerme muy mal y poco, puede que hoy se levante más tarde.

- Tía, estoy que no me centro. Mi hijo sabe quién hizo el robo, pero como es su colega no quiere delatarle. Todo esto me parece excesivo por una triste cadena de oro que si hace falta la pago yo.

- Recuérdale a tu hijo que no sea tonto, nadie va a mirar por él, en estos casos los colegas pasan a ser completos desconocidos. Dile que no se fíe de nadie. Espero que en un rato puedas hablar con Jorge.

- Gracias gorda. Te echo muchísimo de menos.

- Y yo a ti, estamos siempre con la vida tan revuelta...

Termino de atender a la clienta y llamo a Jorge, por fin me lo coge.

- Hola buenos días, ¿Hablo con Jorge?

- Hola buenos días, sí, soy yo.

- Mire, soy amiga de Yolanda, me dio su teléfono porque necesito un abogado penalista para mi hijo.

- Ah si, se quién es. Mira yo ya no ejerzo, Estoy retirado, pero explícame que es lo que ocurre para ver si alguno de mis colegas de lo penal puede llevar tu caso.

- Mire el día veintitrés de este mes me persone con mi hijo en las dependencias de Policía Nacional de mi distrito acompañando a mi hijo porque se requería su presencia para declarar. Al llegar allí le metieron para adentro sin apenas explicarme que ocurría. Recibí un trato nefasto por parte de un funcionario de Policía Judicial y me mandó a casa sin apenas querer atenderme. Ayer me llama mi hijo desde prisión, me dice que le han metido en preventiva hasta el juicio. Le acusan de robo con violencia e intimidación.

- ¿Qué años tiene tu hijo?

- Diecinueve años recién cumplidos.

- ¿Tu hijo es español?

- Si.

- ¿Tiene antecedentes penales?

- No.

- ¿Es su primer delito?

- No ha cometido este delito, ni ningún otro, tiene multas por pintar en paredes o colarse en el metro, pero nada más.

- ¿Y le han metido en prisión? No lo entiendo. No debería haber entrado.

- Yo tampoco lo entiendo por eso necesito un buen abogado que me le saque de ahí cuanto antes.

- Si le han metido en prisión sin antecedentes va a estar complicado debatir su inocencia. ¿Qué abogado le lleva?

- No lo sé, no me han dado ninguna información, ni siquiera sé si le han puesto un abogado de oficio y si lo han hecho no me ha llamado para informar a la familia.

- Vale, mientras localizo a mis colegas quiero que vayas al Juzgado de Instrucción donde se le ha hecho la vista rápida y con el número de atestado por el cual ha sido requerido tu hijo pides que te faciliten el letrado asignado y número de colegiado. Cuanto antes consigamos esto, antes podremos proceder.

- Perfecto, hoy es sábado y no me van a atender, tendrá que ser el lunes a primera hora.

- Nada tranquila. En cuanto lo tengas me lo pasas y redactamos un documento para solicitar la venia cuanto antes.

- Mil gracias Jorge.

- Animo, verás como pronto sacamos a tu hijo de ahí. Estamos en contacto.

Ya casi son las dos de la tarde, estoy a punto de terminar mi jornada laboral. Me pongo a recoger para mantenerme ocupada y no darle más vueltas a la cabeza. No me puedo creer que todo esto esté pasando realmente.

Aún no le he comentado nada a mi familia. Con los únicos que he hablado ha sido con la abuela paterna y con mi madre. No quiero contarle nada a mi familia en parte por no preocuparlos y en otra parte para que una de mis tías en concreto no me heche más tierra encima. Se que si se lo cuento a mi familia y se entera esta tía mía empezará con su *"Ya sabía yo que lo estabas maleducando"*, *"Menudo sinvergüenza". "Ale apáñatelas tu solita que ese aquí ya no tiene familia".*

Esta tía mía nunca me trató bien, siempre tuvo como celos, aún hoy en día no comprendo que motivos tiene para actuar así si nadie la hizo nada nunca. En fin, ella sabrá. En este momento, aunque suene triste o feo lo que opine mi tía me da un poco igual.

Ya en casa me siento en el sofá con la televisión puesta y me abrazo a la perrilla de mi hijo, sin darme cuenta me quedo dormida.

Me despierto con el sonido del móvil, un WhatsApp de Yolanda. Son las once menos cinco de la noche.

- ¿Conseguiste hablar con él?

- Si mi niña.

- ¿Se puede hacer cargo él?

- No.

- ¿Entonces? ¿Qué te dijo u aconsejó? ¿Te recomendó a alguien?

- Me dijo que va a ser difícil debatir su inocencia. Al ser mayor de edad se le va a inculpar sea culpable o no lo sea. Me dijo que me pasará con un colega y que no me preocupe por el dinero. Lo único que me dijo que si se puede recurrir la provisional.

- Seguro que es bueno. ¿Ha sido amable contigo?

- La verdad que sí, es un encanto, me asesoró y me dijo que documentación presentar porque perdí el libro de familia. Me dijo que, aunque no ejerza ya va a llevarlo en conjunto con el colega que me va a llevar.

- ¿Le dijiste que te había dado yo su número?, si te ha dicho eso seguro va a poner todo su empeño en ayudarte.

- La verdad que me atendió muy bien. Ya preparé los papeles que tengo que presentar mañana en la prisión. Ahora me pondré a preparar una bolsa con ropa para llevársela. Encima estoy con ataques de ansiedad, no me dejan verle hasta dentro de quince días. También tengo que pedirle a los de administración de la prisión los datos de Auto de prisión.

- Estás bien asesorada, más de confianza no puede ser. Por eso te dije que le llamases a él. Mucho ánimo y mucha fuerza mi chica, estás en buenas manos.

- Me dijo que va a tardar un tiempo en salir pero que será antes que sea el juicio.

- Ya, la justicia ya sabes cómo va.

- Pero yo no lo quiero allí. Tan lenta la justicia no es cuando le interesa perjudicar o buscar un culpable porque esto de lo que se le acusa por lo visto ocurrió hace veinte días y mira. Sin embargo, a mi hijo le rompen la nariz dos veces en cuestión de quince días y mira como seguimos esperando el juicio y ya van siete meses.

- Ya, de todos modos, imagino que el lunes hablarás con su colega.

- Le dije que tú me habías dado su teléfono y se alegró de saber de ti. Uff tendría que salir por leche, pero no tengo cuerpo.

- Ve, así te distraes y por lo menos te tomas algo caliente.

- Como me conoces, es curioso como sabes cuando como o dejo de comer. Y mañana a prisión.

- Tienes que cuidarte para poder luchar por él y estar con fuerzas. Me duele muchísimo que estés pasando por esta situación. No decaigas mi guerrera.

- Aún estoy en Shock. No sé siquiera si puedo enviarle una nota con la ropa.

- Normal, es para estarlo.

- Yo le voy a escribir, si no me dejan dársela me la traigo de vuelta. Buenas noches mi niña.

- Buenas noches guerrera.

Me decido a ponerme un chándal, cojo a la perra y bajo a comprar la leche para tomarme un café. Me espera una larga noche por delante porque sé que apenas voy a dormir.

CAPÍTULO 4

Domingo 26 de septiembre de 2021

He conseguido dormir un par de horas. Le he preparado la bolsa de ropa que tengo que llevarle. Le metí lo más viejo y nada de marcas como Nike, Puma, Fila... No sé qué tipo de gente hay ahí dentro o si le van a intentar hacer algo por quitarle la ropa.

Tengo mucho miedo de lo que pueda ocurrirle ahí dentro.

Ya estoy lista para ir a la prisión, paso a recoger a mi madre antes, ella me acompaña para que no vaya sola. Estoy muy nerviosa, necesito verle y que me explique todo con detalle.

Son las diez y media de la mañana cuando llegamos a la prisión. Nos ha llevado cuarenta y cinco minutos en ir desde nuestro municipio. Hay mucha gente en la puerta fumando y charlando animadamente. ¿Cómo pueden reír y seguir con sus vidas cuando su familiar está ahí metido? ¿Saben cómo es ese lugar por dentro?

Me dirijo a la ventanilla de administración sola, mi madre no quiere entrar, está entrando en pánico y como ella se venga abajo me hundo del todo. Un funcionario me dice que he de esperar a que pasen todos los visitantes, que espere fuera y en cuanto terminen de atender a los que van de visita sale a buscarme.

Salgo a la calle y le explico a mi madre las indicaciones que me acaban de dar. Hay una señora que me mira constantemente. Al cabo de unos cinco minutos se me acerca y me dice:

- *Hola, te veo triste. ¿Es tu primera visita?*

- *Hola, es la primera vez que vengo. Han metido a mi hijo aquí injustamente.*

- *Madre mía, tranquila, mi hijo también está aquí injustamente. ¿Qué años tiene?*

- *Diecinueve años acaba de cumplir.* - *No lo resisto más y rompo a llorar.* -

- *Tranquila mi niña, tranquila. ¿Sabes en que modulo esta?*

- *No. Sólo sé que lo tienen en aislamiento por quince días por el tema del COVID 19*

- *Claro, no había caído en ello.*

En ese momento salió el funcionario a buscarme. Le sigo al interior. Me indica que me coloque en la ventanilla.

- *¿De qué preso es usted familiar?*

- *Soy la madre de Aarón. Le tienen en aislamiento. Entró el viernes veinticuatro por la tarde.*

- *Vale, déjeme su DNI, Libro de Familia para comprobar que realmente es usted quien dice ser.*

- *Aquí tiene mi DNI y el duplicado de la partida de nacimiento. Perdí el libro de familia y ya tengo cita para que me den el duplicado.*

- Bueno, el duplicado de la partida de nacimiento se lo permito por el momento, pero ha de conseguirme el Libro de Familia.

- Si, en cuanto lo tenga se lo traeré.

- ¿Le trae ropa? Nosotros aquí no les damos ropa. Únicamente enseres de aseo.

- Si, le traigo una bolsa con ropa.

- Perfecto, relléneme usted este impreso con las pertenencias que trae.

- Ok. Ahora mismo.

- En cuanto acabe deje la bolsa con el nombre completo de su hijo en la cinta mecánica y en un par de días se lo entregaremos.

- Perdón ¿Va a estar todo este tiempo con la ropa sucia?

- Haberla traído el día del ingreso

- Bueno, eso es relativo, no sabía que iban a meter preso a mi hijo.

- En fin, aquí tiene el calendario de cuando puede traerle ropa una vez pase al módulo y esta es la hoja donde se explica a lo que tiene derecho su hijo.

- ¿Puedo verle?

- No, hasta que no salga del aislamiento no va a poder verle.

- ¿Puedo meterle una nota con la ropa?

- No. Puede escribir una carta a la dirección que se detalla ahí en esa hoja. Con esto hemos terminado. Siento no poder darle más información.

- ¿No puede decirme siquiera si está bien?

- Lo siento, pero no tenemos permitido dar esa información. Llame mañana a la trabajadora social y ella ya le informará de todo.

Mi cara creo que lo decía todo. ¿Con qué tipo de personas iba a tratar mi hijo ahí dentro?, ¿Dónde está la humanidad de las personas? El funcionario debió de darse cuenta de cómo le miraba porque acto seguido dio media vuelta y se encerró en la oficina.

Todo mi ser desprendía rabia, odio, quería gritar por ser tan inhumanos con una madre a la que le habían arrebatado a su hijo de la noche a la mañana. Quería buscar al Policía Nacional que me trató como una basura en plena comisaría. Quería manifestarme y gritarle al Juez que había hecho la vista rápida en el Juzgado, quería decirle lo injusto que había sido y lo fácil que es para ellos declarar a una persona culpable tan sólo por el mero hecho que necesitaban un culpable.

Salí de allí como alma que lleva el diablo. Me ardían los ojos de reprimir todo el dolor y las lágrimas.

Mi madre esperaba fuera en la calle, hablaba aún con la mujer que se me había acercado antes. Cuando me vio salir se dirigió hacia mí. Le conté que no me habían informado de nada, salvo que había unas normas y unas pautas a seguir mientras esté en aislamiento.

La mujer que antes me había hablado se acercó hasta situarse frente a mí.

- ¿Ya te dijeron a qué módulo le van a destinar?

- No. Sólo me dijeron que mañana hable con la trabajadora social y que ella me informará.

- Bueno, no te preocupes. Si le destinan al módulo cuatro yo avisaré a mi hijo para que cuide de él mientras está aquí.

- Muchas gracias. ¿Cuál es tu nombre?

- Me llamo Almudena, este es mi teléfono, llámame para lo que necesites.

- Mil gracias.

- Bueno, nosotros nos vamos. Suerte pequeña, verás como se soluciona todo.

- Gracias Almudena, eso espero.

Nos despedimos y nos dirigimos hacia el coche. No tenía ganas de hablar, solo llorar era lo que me consolaba algo. La pena me comía por dentro.

En el coche de camino a casa me llamó Jorge, el abogado matrimonialista que tenía que llamarme para decirme qué letrado iba a representar a mi hijo. Me comentó que aún no había podido localizar a ninguno de sus colegas abogados penalistas pero que mañana seguro sí tendría la respuesta de uno de ellos. Me recordó que tenía que ir al Juzgado para averiguar quién era el abogado de oficio que habían asignado a mi hijo para poder solicitar el cambio y pedir la venia.

Toda la tarde me la pasé dando vueltas por la casa, organizando cosas del niño. Tirando todo lo que había dejado en el cuarto por medio y que no valía para nada. Paraba de recoger y volvía a llorar. Se me habían quitado las ganas de ir a trabajar. Llegué a plantearme despedirme.

Mi madre me llamó unas cuantas veces, pero no me apetecía apenas hablar. Mi cabeza sólo me ofrecía imágenes, imágenes de mi hijo en comisaria, la chulería y el despotismo con el que me había tratado el Policía Judicial, la frialdad y tranquilidad del conocido de mi hijo en la puerta de la comisaría. Era como si mi cerebro estuviese intentando encajar todas esas imágenes que aparecían en mi cabeza como si de un puzle se tratase sin conseguir encajar nada.

Mi mayor temor era la hora de irme a la cama, el saber que no iba a entrar por la puerta a las tantas de la noche porque venía de tomar una cerveza con los amigos. Me aterraba la soledad ante esa situación.

CAPÍTULO 5

Lunes 27 de septiembre de 2021

He madrugado, tenía que ir al Juzgado. Hice lo que Jorge me pidió y estoy esperando que me den los datos de la abogada de oficio que atendió a mi hijo en la vista rápida. Aún no sé qué abogado va a llevar a mi hijo y el tiempo corre en nuestra contra.

Por fin me dieron los datos de la abogada de oficio, son las diez menos cuarto de la mañana y a las diez he de abrir la peluquería así que me dirijo deprisa hacia mi coche para poder ir al trabajo.

A las once de la mañana llamo a Jorge y le doy los datos de la abogada que asistió la vista rápida. Me informa que la persona que va a llevar a mi hijo se llama Enrique, me asegura que es muy buen abogado penalista y que pronto voy a tener a mi hijo conmigo. Acto seguido me envía por WhatsApp el contacto del nuevo abogado y me remite al mail un escrito para autorizar a Enrique a personarse en nombre de mi hijo desde ahora mismo.

Abro el correo y leo:

D. PREVIAS

AL JUZGADO DE INSTRUCCIÓN Nº2

AARÓN en mi condición de investigado en la causa de referencia, ante el Juzgado comparezco y, como mejor proceda en Derecho,

DIGO

Que, por medio del presente, y en aplicación del artículo 768 de la LECrim., vengo a designar para que asuma la defensa del compareciente en las meritadas actuaciones al Letrado del Ilustre colegio de Abogados de Madrid DON ENRIQUE.

SUPLICO AL JUZGADO tenga por hecha la anterior designación a los efectos que en Derecho procedan.

Es Justicia que, con los debidos respetos, insto en Pozuelo a veintisiete de septiembre de dos mil veintiuno.

Cuando llego a casa imprimo el escrito, aviso a mi jefa que por la tarde no puedo ir a trabajar y me marcho a verle a prisión para que pueda firmarme el impreso cuanto antes y así poder recurrir su ingreso en prisión.

Una vez en prisión le explico al funcionario que me recibe que mi hijo ha de firmar ese documento. El funcionario tiene cara de pocos amigos, calvo, con gafas. Me da la sensación que no le gusta su trabajo, el trato que recibo por su parte fue horrible, déspota.

- *Buenas tardes. Mire traigo este documento para ver si mi hijo pudiese firmarlo. Estamos cambiando de abogado.*

- *Señora si quiere que se lo firme que lo traiga el supuesto abogado personalmente.*

- *Perdone, ¿Podría hacerme el favor y hacer que lo firme?*

- *Señora márchese que no me apetece perder más el tiempo con las madres de los delincuentes.*

- *Perdóneme señor, pero mi hijo no es un delincuente, solo es...*

- *Su hijo es un delincuente en potencia, si está aquí lo es y usted no me va a decir lo que es su hijo.*

- *¿Entonces no me va a atender por ser mi hijo un supuesto delincuente como usted dice?*

- *No señora no la voy a atender y sí es un delincuente y no un supuesto delincuente.*

- *Me parece increíble el trato que usted está dándome. Quiero hablar con el director.*

- *Pues venga mañana porque ya se marchó*

- *Una hoja de reclamaciones por favor.*

- *Aquí no usamos esas cosas. Márchese ya señora.*

En ese momento apareció otro funcionario, se acercó a mí y me preguntó

- *¿Que le ocurre señora?*

- *Mire traigo un documento del abogado para que mi hijo lo firme y ese señor me ha tratado como si fuese un perro.*

- *¿De qué documento se trata?*

- *Es la autorización para el juzgado para un cambio de abogado.*

- *Déjemela y siéntese un poco que voy yo personalmente a que la firme el chaval. Por motivos de pandemia no puedo permitir que usted acceda.*

- *No se preocupe, es muy amable. Muchas gracias.*

El funcionario cogió el documento y se marchó con él. Me quedé en la sala sentada esperando, la sangre me hervía en las venas a causa del funcionario calvo, mi mirada no se apartaba de ese hombre tan mal educado y borde.

Al cabo de un rato el funcionario amable volvió con mi documento firmado. Se lo agradecí y me marché de allí.

Al llegar a casa escaneé el documento firmado y procedía a enviárselo a Jorge mediante un mail. Desde ese momento mi hijo ya tenía un abogado.

Llamé a Enrique, el nuevo abogado a eso de las seis y media de la tarde. Me aseguró que en unos días mi hijo estaría en casa. No entendía como una persona sin antecedentes penales, español y tan joven había entrado en prisión siendo esta la primera causa delictiva de la que se le acusaba. Le pedí el documento auto de prisión de mi hijo, quería leerlo y poder entender algo más, me aseguró que al finalizar la tarde lo tendría en mi mail. Me dijo que lo que iba a leer no iba a ser fácil de asimilar para mí. Que mi hijo lo tenía muy difícil. ¿Difícil? ¿Por qué si él era inocente?

Recibo el auto de prisión en el mail, lo abro y le doy a imprimir.

JUZGADO DE 1ª INSTANCIA E INSTRUCCIÓN Nº2

Procedimiento: Pz situación personal (Diligencias previas)

Delito: Robo con violencia o intimidación

Investigado:

D./Dña. AARÓN

LETRADO D./Dña. INMACULADA

AUTO

EL/LA JUEZ/MAGISTRADO-JUEZ QUE LO DICTA

Fecha: 24 de septiembre de 2021

HECHOS

PRIMERO. - Las presentes diligencias se han incoado en el día de hoy en virtud de atestado del Cuerpo Nacional de Policía, habiendo sido puestos ante este Juzgado en funciones de Guardia los detenidos STEVEN y AARÓN, como presuntos autores de un delito de robo con violencia o intimidación.

SEGUNDO. - Citadas las partes para la celebración de la comparecencia prevista en el art. 505 de la Ley de Enjuiciamiento Criminal, por el Ministerio Fiscal se interesó la prisión provisional comunicada y sin fianza de los detenidos y por la defensa de los investigados se solicitó su libertad provisional.

RAZONAMIENTOS JURÍDICOS

PRIMERO. - La Constitución Española en su art. 17 recoge el derecho a la libertad, que no es sólo un derecho fundamental, sino que constituye uno de los principios individuales. En este sentido, la ley regula como forma excepcional y restrictiva aquellos supuestos en que se puede transgredir por determinadas razones este derecho, entre los que se encuentra la prisión provisional. En particular, esta figura constituye una medida de doble vertiente, por un lado, es una medida preventiva y cautelar, y por otro, se establece como una medida ejecutiva. Y su regulación viene establecida desde dos puntos de vista, por un lado, el art. 17.4 de la Constitución, y por otro el art. 503 de la Ley de Enjuiciamiento Criminal, que señala los presupuestos a partir de los cuales se realiza la adopción de esta medida.

SEGUNDO.- Concurriendo en el presente caso los presupuestos del mencionado art. 503 para decretar la prisión provisional de los investigados, esto es, la existencia de unos hechos que presentan caracteres de delito cuya pena superaría los dos años de prisión y de indicios bastantes para creer responsables criminalmente del mismo a los detenidos, y persiguiendo la prisión provisional alguno de los fines previstos en el citado artículo, procede acordar esta medida cautelar conforme a lo interesado por el Ministerio Fiscal en el acto de comparecencia, no considerándose suficientes para el fin perseguido la adopción de cualesquiera otra medidas que pudieran resultar menos gravosas para los investigados.

En efecto, se imputa a los detenidos a un delito con robo con violencia o intimidación del art. 237, para el que prevé el Código Penal una pena que supera sobradamente los dos años exigidos por el art. 503 de la Ley de Enjuiciamiento criminal. Dicho ilícito penal, habría tenido lugar el 4/9/21 sobre las 01:15 horas, cuando los investigados se apearon del metro ligero en la parada Bélgica de Metro ligero siguiendo al menor JUANJO, y a la altura del establecimiento "Multitienda 24 Horas" le dieron alcance y le rodearon, estampándole y dando tirones en el cuello para quitarle la medalla, mientas AARÓN le puso en la tripa algo que asemejaba una navaja y le decía que le diera el móvil o le apuñalaba. Durante estos hechos le rompieron al menor la sudadera y la camiseta, y finalmente STEVEN le arrancó la cadena de oro que portaba al cuello, que con la fuerza salió despedida y cayó al suelo, cogiéndola los investigados y huyendo del lugar.

Por otra parte, como se ha dicho, existen indicios bastantes para creer responsables criminalmente de tales hechos a los detenidos, por sus similitudes físicas que se indican en el atestado y por las imágenes aportadas, habiendo sido positiva una de las dos ruedas practicadas el día de hoy, en particular, la de AARÓN. Por otra parte, se han visionado los numerosos archivos de vídeo que incluyen las carpetas del CD, y aunque los hechos no figuran grabados (pues no tuvieron lugar en la propia estación de metro), si puede verse a ambos investigados juntos y hablando, vestidos en la forma idéntica descrita por el menor, apeándose en la misma parada que el menor, e incluso -y aunque en unas imágenes desde lejos- Se observa cómo el menor sale de la estación saltando una valla, y detrás de él saltan los investigados; coincidiendo todo ello exactamente con la versión ofrecida por el menor. En el resto de imágenes, se ve desde diversas perspectivas y con claridad a los investigados, quienes están juntos en todo momento -salvo unos instantes en que saludan a otras personas, de las que se despiden, coincidiendo ello con la declaración del menor-. Y en la parada en la que se apean, se observa después cómo pasa el menor (se ve desde la ventanilla). y ellos tras él.

Ciertamente el menor no ha reconocido en la rueda al investigado STEVEN, pero no puede dejar de indicarse que dicho investigado iba el día de los hechos con un pañuelo en la cabeza y la cara despejada, no así hoy, pues ha acudido al Juzgado con pelo largo y sobre su cara, haciendo así poco visible su rostro. Y tampoco ha indicado el menor su altura con exactitud, si bien no es necesario indicar que en el contexto en que sucedieron los supuestos hechos -a altas horas de la noche, en que un menor de edad sintió miedo de los investigados desde que le siguieron desde el tren, llegando a ser perseguido, saltando una valla y ellos también, y siendo finalmente interceptado, rodeado, golpeado y amenazado con lo que parecía una navaja -sin duda cabe pensar que pudiera observar cómo más alto a quien le estaba agrediendo, dada la situación intimidatoria sufrida.

Además de las imágenes, son indicios los reconocimientos policiales efectuados, el reconocimiento en rueda positivo de AARÓN, y las detalladas descripciones ofrecidas por el menor -que en su casi totalidad son coincidentes con las de los investigados, entre ellas, las de la vestimenta, las del tatuaje de una corona que porta AARÓN en el lateral de su cuello, y las del tatuaje que porta STEVEN en la parte central y baja de su cuello-. A todo ello hay que añadir que el menor, en su declaración de hoy, ha expuesto con rotundidad que las mismas personas que en el metro iban juntas en todo momento y salieron tras él en la parada, fueron las que posteriormente le agredieron y robaron.

Es también del todo relevante indicar que la comprobación policial efectuada con el Consorcio de Transportes, según consta en el atestado, ha arrojado como resultado que el abono utilizado por uno de los sujetos de las imágenes es precisamente titularidad del investigado STEVEN. Y revisadas las imágenes, se observa que el identificado como STEVEN efectivamente accede al metro utilizando su bono transporte, no así el identificado como AARÓN, quien accede saltando el acceso, hecho que explicaría que solamente conste la utilización de bono por el otro investigado.

Asimismo, concurre también el último de los requisitos del mencionado art. 503, al perseguirse con la medida provisional que se adopta alguna de los fines que el mismo menciona, en primer lugar, la necesidad de asegurar la presencia de los investigados en el proceso por inferirse racionalmente un riesgo de fuga, existiendo un peligro fundado y concreto, principalmente derivado de la gravedad de la pena que conllevan los delitos que se les imputan (que impediría además la celebración del juicio en su ausencia al superar los dos años) y de que cuentan con numerosos y recientes antecedentes policiales por diversos delitos violentos. Más aún, en el caso de STEVEN, aunque su hoja histórica penal no lo refleja, sí se observa en la consulta efectuada al SIRAJ que cuenta con una condena por robo con violencia o intimidación cometido el 27/2/21, esto es, este mismo año, siendo la Sentencia de fecha 4/6/21; y le consta también una libertad provisional sin fianza acordada y una obligación apaud acta de comparecer impuestas el 9/8/19 por el Juzgado de esta localidad, por un supuesto delito de robo con violencia o intimidación de fecha 30/7/19.

Concurre finalmente la finalidad de evitar que los detenidos destruyan fuentes de prueba relevantes que pudieran existir o atenten contra la víctima, siendo los hechos antes descritos en esta localidad, partiendo de un lugar que cabe pensar puede ser frecuentado por el menor -la estación de metro ligero-, habiéndose producido los hechos, además, no inmediatamente a la salida del metro -donde había más luz y más gente-, sino persiguiéndole, buscando un sitio apartado y con poca luz.

Vistos los preceptos citados y demás de general aplicación,

PARTE DISPOSITIVA

DISPONGO. - Se decreta la prisión provisional comunicada y sin fianza de STEVEN y AARÓN, a resultas de esta causa.

Líbrese los oportunos mandamientos dirigidos al Director del Centro Penitenciario correspondiente que deba de recibir a los presos, y a la Policía Judicial bajo cuya custodia se encuentran al objeto de proceder a su traslado.

Fórmese piezas separadas de situación personal con testimonio de esta resolución.

Notifíquese la presente resolución al Ministerio Fiscal y demás partes, haciéndoles saber que la misma no es firme y contra ella cabe recurso de reforma en el plazo de tres días, o de apelación en el plazo de cinco días, que gozará de tramitación preferente de conformidad con lo dispuesto en el art. 507 de la LECrim, pudiéndose interponer el de apelación subsidiariamente al de reforma.

Así lo acuerda, manda y firma el Magistrado Juez de Primera Instancia e Instrucción núm. 2 y Violencia sobre la Mujer de esta localidad.

DILIGENCIA. - Seguidamente se cumple lo acordado. Doy fe.

No paraba de leer y leer todo el atestado. Me parecía increíble todo lo que decía sobre mi hijo. Tenía que hablar con mi hijo, con el abogado, encontrar testigos que me contasen que había ocurrido realmente. Me obsesioné con conseguir ese atestado policial, la denuncia del chico y su declaración, quería ver esos vídeos

51

y observar por mí misma si era real todo eso que el Juez había puesto en ese auto de prisión.

Todo me parecía completamente irreal, una pesadilla de la cual era incapaz de despertarme.

CAPITULO 6

Martes 28 de septiembre de 2021

No he pegado ojo, mi cabeza no para de recordar todo lo que he leído en el auto de prisión hacia mi hijo. Hay un párrafo que me llamó mucho la atención y que me demuestra que algo no está bien de ese auto. El párrafo dice que mi hijo ha entrado a prisión para evitar que se destruyan las fuentes de pruebas relevantes que pudieran existir. ¿Qué pruebas?, no entiendo nada.

He revuelto la habitación de mi hijo, he buscado por todos los rincones de la casa la supuesta medalla sustraída. No solo he rebuscado la habitación, he rebuscado en las trampillas del aire acondicionado de casa y en todas las tapas de cuadro eléctrico por si pudiese haber querido ocultar alguna prueba. Nada no hay nada por ningún sitio. Tampoco recuerdo haberle visto nada que no fuese suyo. Mi hijo puede ser una cabeza loca como yo digo, con la edad que tiene es normal que haga estupideces pues diecinueve años recién cumplidos no es edad suficiente para demostrar una madurez coherente. Hoy en día los niños no maduran tan pronto como hace tiempo pues les tenemos bajo nuestro cobijo y protección hasta el día que deciden casarse si es que en algún momento se casan.

El rebuscar toda la habitación y no encontrar ninguna prueba que se le inculpe me tranquiliza bastante pues me deja claro que conozco bien a mi hijo y que no es la persona que el Juez describe como un criminal.

Otro de los puntos del auto que me ha molestado y es totalmente falso es el hecho que indica que mi hijo entra en prisión por riesgo de fuga. ¿Riesgo de fuga? ¿Qué riesgo de fuga puede haber cuando te personas por tu propio pie en comisaría junto a tu madre para ver de qué se trata la citación? ¿Porque no toman en cuenta el trato nefasto de la Policía Judicial hacia el ciudadano?

Esos dos puntos para mí son concluyentes en que algo no está bien, creo que alguien ha metido mano en esta trama. Mi parecer es que Policía Judicial necesitaba dos culpables sí o sí. Creo que Policía Nacional no ha hecho bien su trabajo y ha proporcionado datos falsos al Juzgado.

A las diez y cuarto de la mañana recibo un WhatsApp de un número desconocido.

- *Hola Anna soy Irene. Mira Aarón te está llamando desde un número raro. Cógelo que es a cobro revertido.*

-*Se me cuelga.*

- *¿Se te cuelga?*

-*Estoy llamando yo a ese número.*

-*Yo he podido hablar con él. Bueno quiero decirte solo que estoy buscando un abogado bueno que lo saque de allí.*

-*Ya tengo abogado.*

-*Perfecto, pero él me ha dicho que le busque yo el abogado.*

-*Gracias, pero ya tenemos abogado*

Menuda pájara de mujer, siempre quiso ser la protagonista de todo cuando salía con mi exmarido y no se da cuenta que ella no forma parte de esta ecuación. Creo que me va a dar muchos problemas esta mujer.

Ante la inquietud y la impotencia decido investigar, necesito saber. Abro Google en mi ordenador y busco "Constitución Española art. 17". En pocos segundos aparece la información que estaba buscando.

Constitución Española art.17

Toda persona tiene derecho a la libertad y a la seguridad. Nadie puede ser privado de su libertad, sino con la observancia de lo establecido en este artículo y en los casos y en la forma previstos en la ley.

Nada. Este artículo lo único que me explica es que toda persona tiene derecho a ser libre y a estar seguro, pero... ¿Quién me asegura a mí la seguridad de mi hijo en una prisión? y, si está en prisión ¿Cómo se puede ser libre en una celda?

Vuelvo a buscar en el explorador " artículo 17.4 de la Constitución"

Constitución Española art. 17.4

La ley regulará un procedimiento de "habeas corpus" para producir la inmediata puesta a disposición judicial de toda persona detenida ilegalmente. Asimismo, por ley se determinará el plazo máximo de duración de la prisión provisional.

¿Cuánto tiempo van a tener a mi hijo ahí dentro? en el auto de prisión no lo pone, nadie sabe cuánto tiempo ha de estar ahí. El abogado no me informa casi de nada. Lo único que me dice que pronto le voy a tener en casa. ¿Esto no es una infracción contra la persona y su libertad?, según este artículo tendrían que haber puesto un tiempo máximo.

Mi cabeza no para de pensar y darle vueltas al asunto. Muchas injusticias para una persona que no ha cometido nunca ningún delito.

Busco de nuevo "art. 503 de la Ley de Enjuiciamiento Criminal".

Ley de Enjuiciamiento Criminal art. 503

1. La prisión provisional sólo podrá ser decretada cuando concurran los siguientes requisitos:

1º Que conste en la causa la existencia de uno o varios hechos que presenten caracteres de delito sancionado con pena cuyo máximo sea igual o superior a dos años de prisión, o bien con pena privativa de libertar de duración inferior si el investigado o encausado tuviere antecedentes penales no cancelados ni susceptibles de cancelación, derivados de condena por delito doloso. Si fueran varios los hechos imputados se estarán a lo previsto en las reglas especiales para la aplicación de las penas, conforme a los dispuesto en la sección 2.a del capítulo II del título III del libro I del Código Penal.

2º Que aparezcan en la causa motivos bastantes para creer responsable criminalmente del delito a la persona contra quien se haya de dictar el auto de prisión.

3º Que mediante la prisión provisional se persiga alguno de los siguientes fines:

a) Asegurar la presencia del investigado o encausado en el proceso cuando pueda inferirse racionalmente un riesgo de fuga. Para valorar la existencia de este peligro se atenderá conjuntamente a la naturaleza del hecho, a la gravedad de la pena que pudiera imponerse al investigado o encausado, a la situación familiar, laboral y económica de éste, así como a la inminencia de la celebración del juicio oral, en particular en aquellos supuestos en los que procede incoar el procedimiento para el enjuiciamiento rápido regulado en el título III del libro IV de esta ley. Procederá acordar por esta causa la prisión provisional de la persona investigada cuando, a la vista de los antecedentes que resulten de las actuaciones, hubieran sido dictadas al menos dos requisitorias para su llamamiento y busca por cualquier órgano judicial en los dos años anteriores. En estos supuestos no será aplicable el límite que respecto de la pena establece el ordinal 1º de este apartado.

b) Evitar la ocultación, alteración o destrucción de las fuentes de prueba relevantes para el enjuiciamiento en los casos en que exista un peligro fundado y concreto. No procederá acordar la prisión provisional por esta causa cuando pretenda inferirse dicho peligro únicamente del ejercicio del derecho de defensa o de falta de colaboración del investigado o encausado en el curso de la investigación. Para valorar la existencia de este peligro se atenderá a la capacidad del investigado o encausado para acceder por sí o a través de terceros a las fuentes de prueba o para influir sobre otros investigados o encausados, testigos o peritos o quienes pudieran serlo.

c) Evitar que el investigado o encausado pueda actuar contra bienes jurídicos de la víctima, especialmente cuando esta sea alguna de las personas a las que se refiere el art. 173.2 del Código Penal. En estos casos no será aplicable el límite que respecto de la pena establece el ordinal 1º de este apartado.

2. También podrá acordarse la prisión provisional, concurriendo los requisitos establecidos en los ordinales 1º y 2º del apartado anterior, para evitar el riesgo de que el investigado o encausado cometa otros hechos delictivos. Para valorar la existencia de este riesgo se atenderá a las circunstancias del hecho, así como a la gravedad de los delitos que se pudieran cometer. Solo podrá acordarse la prisión provisional por esta causa cuando el hecho delictivo imputado sea doloso. No obstante, el límite previsto en el ordinal 1º del apartado anterior no será aplicable cuando de los antecedentes del investigado o encausado y demás datos o circunstancias que aporte la Policía

Judicial o resulten de las actuaciones, pueda racionalmente inferirse que el investigado o encausado viene actuando concertadamente con otra u otras personas para la comisión de hechos delictivos o realiza sus actividades delictivas con habitualidad.

Por más que leo este artículo no me cuadra para nada que mi hijo haya terminado en prisión, no cumple ninguno de los requisitos que dicta esta ley. Cada vez tengo más claro que todos los datos aportados al Juzgado han sido manipulados a conciencia y con maldad.

Mi enfado crece y crece por momentos, llamo al abogado y le pido por favor que quiero revisar el informe policial y la denuncia del muchacho. Necesito ver que se está cometiendo una injusticia real con mi hijo. No se me olvidará nunca la respuesta de mi abogado y la ira que creció en mí en ese momento.

- Yo te paso por mail lo que me pides, te voy a pasar también los vídeos para que veas por tí misma que tipo de chaval tienes en casa. Tu hijo es culpable y lo único que voy a defenderle es la existencia de la posible navaja.

- ¿Perdone?, creo que no entendí bien. ¿Me acaba de decir que usted no va a defender en su totalidad a mi hijo?

- Así es. Lo único que voy a defender es la parte de la navaja, el denunciante no tiene claro ese punto.

- Mire Enrique, cuando se contrata un abogado, indistintamente que el cliente sea culpable o inocente tiene derecho a ser defendido.

- Ya, pero yo estoy cansado de tratar con chicos como su hijo, delincuentes.

- Perdone, pero no es ningún delincuente. Sus comentarios están siendo despectivos.

- Bueno ahora no puedo hablar con usted, ya la avisaré cuando sepa algo del recurso que se ha presentado.

El abogado me dejo con la boca abierta. ¿No se supone que tiene que defender al cliente tanto si es culpable como si es inocente? Tenía la sensación que este hombre no valía para llevar este caso. Le venía grande.

En ese instante me di cuenta que en esta vida lo único que vale es el dinero. Este abogado me exigió el dinero por adelantado para llevar el caso, inocente de mí se lo di pues lo que quería era sacar a mi hijo de ese sitio tan aterrador.

CAPITULO 7

Domingo 10 de octubre 2021

Por fin nos han llamado que podemos ir a verle. Estamos deseando ir y que nos cuente con detalle. Son más de quince días que ha estado aislado por el tema COVID, pero ahora viene lo peor, los compañeros con los que va a estar ahí dentro.

Por mucho que me digan que es un módulo tranquilo, que es un módulo de convivencia y que es un estilo al reformatorio no termino de creérmelo. Mi hijo no debería estar ahí.

Mi hija ya ha venido para echarme una mano, ella me distrae y me aleja de la pesadilla que estamos viviendo, me mantiene ocupada con tonterías de adolescente.

El abogado sigue sin dar señales de vida. No me ha pasado ni el atestado policial, ni los vídeos, así que decido llamarle.

Un tono... dos tonos...

Me cuelga la llamada, pero recibo un mensaje de texto que dice: "Estoy reunido, te llamo después"

La verdad no me apetecía hablar con el abogado después de la última conversación que tuvimos, pero a mí solo me interesaba sacar a mi hijo de ahí.

Mi hija y yo nos hemos preparado para ir a ver a mi hijo. Nadie se imagina la impresión que es llegar a una prisión para ver un familiar. Lo primero que hacen es despojarte de toda pertenencia. No puedes pasar con nada metálico, ni un triste reloj.

Nos pidieron el DNI y nos tomaron la huella como a unas delincuentes. Nos pusieron en fila de a uno y nos hicieron caminar hasta el siguiente pabellón.

Pasamos por varios arcos metálicos contando el de la entrada. Nos llamaban por apellidos, parecíamos nosotras las presas. Nos hicieron pasar por unas cuantas puertas antes de llegar al patio que conducía a los locutorios del pabellón donde se encontraba mi hijo.

Una vez pasamos el patio tuvimos que esperar en la puerta de los locutorios, el funcionario que nos había conducido hasta allí no tenía prisa y se paraba hablar con todos los compañeros.

Por fin se decidió abrir la puerta de los locutorios, quedaban segundos para poder ver a mi hijo. Pasamos en orden y en silencio, me pareció que íbamos directos a nuestro propio funeral. No, mis recuerdos de esa primera visita a la prisión no fueron nada agradables.

Esperamos a que pasasen nuestros familiares y se posicionasen en un locutorio, cuando ya estaban posicionados nos daban la orden para poder acceder y empezar la comunicación.

Lo que ví me desgarró el alma. Ví a mi hijo hundido, los ojos inundados en lágrimas, cabizbajo, una delgadez extrema a mi parecer. No, ese no era mi hijo, era una carcasa de lo que fue el. Mi pesadilla cobraba fuerza y no podía eludirla más tiempo.

- *Hola mi vida.*

- Hola mama. - Rompió a llorar-

- No llores, estoy aquí, contigo, no estás solo.

- Si mamá, estoy solo, tú no estás aquí conmigo.

- No estás solo, estamos luchando desde fuera. Confía en mí.

- No sabes lo que es esto.

- Me lo imagino. Te avisé que no me gustaban las compañías que tenías, ahora cuéntame cómo fue todo, sin mentiras y desde el principio.

- Fui a ver a unos amigos a Aravaca, estuvimos en el parque y sobre las 12:30 te iba a llamar para que vinieses a buscarme, pero me encontré con el chico este, me dijo que el me colaba en el metro y le hice caso. Al final no me coló y pasé por las puertas de cristal colándome. En la siguiente parada se subieron unos amigos míos y me puse hablar con ellos, cuando llegue a la parada de casa me baje. Me fui directo a casa, acuérdate que te dije que me fueses haciendo la cena.

- ¿Y no robaste nada a nadie por el camino?

- No mamá, no me crucé con nadie por el camino.

- ¿Ibas solo o con el chico que también está acusado?

- Yo me despedí del después de fumarme un cigarro cuando bajé del metro.

- ¿Y no sabes nada de la cadena que dicen que se ha robado?

- Yo no supe nada de la cadena hasta el día siguiente, este chico vino al barrio con la intención de encontrarse conmigo. Cuando baje a sacar a la perra estaba esperándome en el banco de casa.

- ¿Es el mismo que me encontré yo cuando bajé la basura?

- Si, había venido a decirme que le guardase unas cadenas de oro que tenía, había discutido con sus padres y no quería que sus padres se las quitasen. Le dije que yo no le guardaba nada que no quería problemas.

- Entonces, ¿seguro que no has tenido nada que ver?

- No mama, de verdad que no he tenido absolutamente nada que ver.

- En el auto de prisión pone que le amenazaste con una navaja o algo similar y que le pediste el móvil.

- Mamá te juro que no he tenido nada que ver. No hice nada.

- Bueno necesitaba preguntártelo porque necesitamos saber tu versión.

- No me dejaron declarar.

- En comisaría no es necesario declarar y menos si no está tu abogado delante.

- No, en el Juzgado la abogada de oficio no me dejó declarar.

- ¿Como que no te dejo declarar? eso no puede hacerlo, es como confesarte culpable al momento.

- ¿Que dice el abogado?

- Que la cosa pinta mal. ¿No ha venido a verte?

- No, aún no le conozco.

Me quedé asombrada cuando mi hijo me dijo que el abogado aún no había ido a verle ¿Qué estaba haciendo este hombre? No estaba cumpliendo con las funciones de un abogado y mi hijo seguía ahí dentro.

Terminaron los cuarenta minutos de locutorio que te dan a la semana. Es triste y humillante que te quiten a una persona de esa forma y que encima el único tiempo que puedas pasar con el sean unos minutos a la semana y a través de un cristal.

De vuelta a casa iba pensando en hablar con el abogado seriamente, ¿Cómo era posible que no hubiese ido a ver al niño en todo ese tiempo? ¿Como pensaba sacarle de ahí sin hablar con él? Cada vez entendía menos cosas.

En casa me puse a buscar nuevos abogados, tenía que cambiar a este hombre que no estaba haciendo nada por mi hijo. Pasó la tarde y como no me devolvió la llamada el abogado decidí volver a llamarle. No me lo cogió, me daba la sensación que no quería llevar el caso y nos estaba dando largas. Mi enfado crecía por momentos así que le envié un mensaje de WhatsApp.

"Hola buenas tardes Enrique, hace ya unos cuantos días, casi quince que no tenemos noticias de usted, me dijo que me iba a enviar el atestado policial sobre la investigación de mi hijo junto con los vídeos y aún no he recibido nada. No sé si usted quiere continuar con el caso de mi hijo. Si usted no quiere llevarlo hágamelo saber cuanto antes"

Al rato observé que el mensaje había sido leído, pero seguí sin obtener respuesta. Me parecía increíble que un profesional de derecho tratase así a los clientes.

En ese momento comencé a pensar ¿existe la suerte? o mejor dicho ¿existe la mala suerte? porque si esto no es mala suerte que alguien me explique que es esta racha.

Nadie se imagina cómo me siento, intento mantener las apariencias y finjo que no ocurre nada. Cuando me preguntan por mi hijo siempre alego la misma excusa, "Está bien, está trabajando fuera, pronto vendrá". Sus amigos del barrio vienen a preguntar por el constantemente. No comprenden porque no le contestan a los mensajes o porque tiene el teléfono apagado. Yo no puedo decirles donde está, no quiero que cuando mi hijo vuelva se le mire mal o se le trate como a un delincuente. Estoy convencida que mi hijo es inocente al cien por cien y que esto es una injusticia para todos nosotros. Por las noches no duermo, tengo pesadillas. Cada dos por tres me despierto sobresaltada porque veo como en mis sueños le dan una paliza o le hacen daño allí dentro. ¿Cómo harán el resto de madres cuando sus hijos entran a prisión? ¿realmente esto es un castigo para él o el castigo es para los padres?

CAPITULO 8

Lunes 11 de octubre 2022

El abogado me ha llamado. Me ha dicho que me ha mandado el video que inculpa a mi hijo en el metro al correo electrónico. Me informa que esté preparada para las imágenes tan serias y fuertes que voy a ver. Mi corazón se acelera, me espero lo peor.

Abro el vídeo y lo observo. Dura unos minutos. ¿Cuáles son las imágenes fuertes?, no veo nada raro. Vuelvo a ver el vídeo, nada. No veo nada fuera de lo normal así que llamo de nuevo al abogado y le digo que lo único que observo es a mi hijo sentado en un asiento del metro ligero atendiendo el móvil. No veo nada que pueda inculparle en este asunto.

El abogado me dice que, si es un vídeo muy fuerte, le explico que mi hijo no hace nada en el metro que va sentado como cualquier otra persona. Me dice que me va a enviar el resto de los vídeos para que yo misma me convenza de que mi hijo es culpable al cien por cien. Mi enfado crece por momentos con este abogado, pretende hacerme creer que mi hijo es culpable del delito tan grave que se le acusa. Le digo que sí, que me envíe el resto de los vídeos que supuestamente inculpan a mi hijo. Recibo los vídeos al momento y me pongo a analizarlos uno por uno. No encuentro nada que inculpe a mi hijo de ese delito. Llamo a un amigo y juntos cogemos un cuaderno y un bolígrafo y nos pusimos a anotar todo lo que observábamos.

De los cuatro archivos de vídeo anotamos:

VIDEO 1 (Entrada al ML de Madrid)

00:49:32 Aarón salta la entrada del Metro de Madrid. Aún no se ha cruzado con el chaval.

00:54:04 Entra al Metro de Madrid Juanjo (pongo el nombre que consta en el auto).

Observo que Juan no lleva cadena ninguna al cuello y entra en actitud chulesca y sin mascarilla. Entra 5 minutos después que Aarón.

Bueno, este vídeo es normal. Mi hijo llega un rato antes que el supuesto agredido o denunciante. Por ahora no se han cruzado ni se han visto. ¿Hay algo raro en este archivo de vídeo? No, simplemente son personas entrando a una estación de metro.

VIDEO 2

00:54:25 Juanjo accede al vagón del metro por la segunda puerta desde la cola del tren y se sienta de espaldas a la cola del tren o final del tren hacia la cuarta puerta de salida que equivaldría a un tercer vagón de los metros antiguos.

00:54:40   Steven se da una vuelta por los vagones del tren y sale por la segunda puerta de la cola del vagón. Tarda 1 minuto 20 segundos. Este chico si actúa raro. Mi hijo no accede al vagón ni acompaña a Steven a esa vuelta por los vagones.

00:55:57   Aarón se sitúa en el andén de la estación, no se acerca a los vagones del tren.

00:57:00   Aarón accede al vagón por la segunda puerta de la cola del tren y se dirige a la cola del vagón, dirección opuesta a donde se encuentra Juan que está sentado de espaldas a mi hijo, a la altura de la cuarta puerta del vagón. En ningún momento se acerca a Juan ni le mira. Ni siquiera se fija si hay otras personas sentadas dentro del vagón de tren. Obviamente Juan no puede apreciar ningún tatuaje de mi hijo puesto que está sentado de espaldas a él.

Mi hijo no presenta ningún comportamiento extraño, me preocupa la actuación del Steven. Una persona normal no daría una vuelta por dentro de los vagones para luego salir sin más.

VIDEO 3

00:57:09   Aarón se sienta en la cola del vagón de tren, muy retirado de Juan que sigue de espaldas a él. Mi hijo se pone a utilizar el móvil y se observa que es Instagram, conversaciones de WhatsApp y música. No mira a Juanjo en ningún momento.

01:02:13   Primera parada. Suben Cristian y Paula y saludan a Aarón. Son chavales del barrio, se conocen de toda la vida.

01:03:40   Steven Aarón escucha audios de WhatsApp y los responde mediante texto. ¿Podría estar quedando con alguien?

01:05:27   Steven empieza a hablar a mi hijo, mi hijo le ignora y sigue a lo suyo. Steven salta por los asientos para sentarse junto a Aarón.

de 01:05:27 al 01:07:46   Steven intenta mantener conversación con mi hijo, pero le sigue ignorando la mayor parte del tiempo hasta llegar a la parada final donde se tienen que apear del tren.

01:08:44   Mi hijo baja del tren junto con Cristian, Paula y Steven.

Llevo tres vídeos y no encuentro indicios como dice el auto de prisión que existen de un delito. Si me incomoda y me preocupa la actitud del Steven, pero mientras mi hijo se comporte lo que haga el resto de personas me da igual. Mi intención es demostrar la inocencia de mi hijo.

VIDEO 4

01:08:59   Mientras que mi hijo está parado en el andén sacando un cigarro Juanjo sale por la tercera puerta del vagón del tren, pasa entre mi hijo, Cristian, Paula y Steven. Mientras pasa por el medio del grupo se observa como Juan se quita la mascarilla y mira descaradamente a mi hijo. Juanjo reta a mi hijo con la mirada. Mi hijo ni siquiera le mira, no le da importancia al reto del tal Juanjo, tampoco se gira a mirar después de que el chico pase. Es el primer momento en que Aarón y Juanjo se cruzan. Juanjo pasa tranquilamente, despacio y con chulería, no se le ve con miedo.

Definitivamente Juanjo pasa provocando. Vuelvo a fijarme y Juan no lleva ninguna cadena.

01:09:07 Aarón saca un cigarro, espera que pase el tren para saltar la valla metálica, cosa que también debió de hacer Juanjo minutos antes porque la salida está por donde salen Cristian y Paula.

01:10:00 Vuelven a pasar Paula y Cristian en la misma dirección en la que ha ido Aarón. No se observa ninguna persecución ni seguimiento ni acoso por parte de mi hijo en ninguno de los vídeos.

No he observado ningún comportamiento extraño en mi hijo en el transcurso del recorrido en tren. No me parecen pruebas suficientes para acusar de un delito tan serio a una persona. Por esa regla de tres, si un día por casualidad asesinan a un señor en el autobús, y yo cojo ese autobús porque se me ha roto el coche... ¿Soy culpable por subir a ese autobús? ¿Soy una asesina, aunque no haya estado en ese asesinato? Cada vez se entienden menos las cosas. Solo me cabe pensar que el padre del muchacho tenga algún tipo de enchufe con algún policía, juez o a saber.

Escribo de nuevo al abogado y le resumo lo más importante de los vídeos, quiero que estos puntos que anoto los recurra en los recursos para que mi hijo pueda salir libre porque con cada dato que obtengo tengo más claro que mi hijo es inocente.

1. Juanjo no lleva ninguna cadena en ningún momento.

2. Mi hijo no se cruza con Juanjo hasta que se baja del metro junto con Paula, Cristian y Steven.

3. Juanjo no tiene miedo, mira retando y presenta actitud chulesca en el vídeo.

4. Los vídeos no demuestran que mi hijo haya cometido el delito del que se le acusa.

5. No pasa ni un minuto desde que mi hijo salta la valla metálica hasta que Paula y Cristian vuelven a aparecer en el último vídeo en el minuto 1:10:00 y se supone que en ese intervalo de tiempo han tenido que ocurrir los hechos.

6. En un minuto no pueden robar con fuerza, apuntar con una supuesta navaja, forcejear, agredir y que nadie lo vea cuando están pasando Paula y Cristian y se ve pasar coches por la calle.

7. La calle es una zona muy transitada y con bastante luz, se aprecia pasar varios coches y gente paseando.

Mi duda es... Si tu sufrieses un robo con intimidación con arma, ¿Les darías todo lo que te pidiesen? Perdóname, pero yo les daría hasta mi alma si me lo piden con un arma por miedo a perder mi vida. Se supone que mi hijo le pidió el teléfono móvil a punta de navaja. ¿Como es que el teléfono lo tiene el chico? ¿cómo es posible que solo haya desaparecido una cadena y el móvil que es más valioso lo siga teniendo el chico? Lo más extraño, si te han robado en la "Multitienda 24 horas", un local a pie de calle con cámaras en todos sus ángulos y en una zona con mucha luz y transitada porque esa calle está llena de bares.... ¿cómo es posible que la policía no haya pedido las cámaras de las calles o de la propia "Multitienda 24 horas"? La historia cada vez tiene menos consistencia. No tiene ninguna lógica. Mi hijo está dentro porque necesitaban una cabeza de turco.

La respuesta del abogado me dejó atónita. "No intentes buscar la inocencia de tu hijo, es un delincuente, por cierto, nos han rechazado todos los recursos. Tu hijo no va a salir hasta el día del Juicio y esto puede ser en dos meses como en dos años. Solo te queda esperar"

Por Dios, este hombre no nos vale para el caso. Se ha empeñado en declarar a mi hijo culpable sin más cuando las pruebas apuntan a que no lo ha hecho. esto es increíble. En cuanto encuentre un abogado que me asegure que saca a mi hijo de ahí voy a denunciar a este hombre por indefensión al cliente en el Ilustre Colegio de Abogados de Madrid.

Irene no para de llamarme y mandarme WhatsApp, esta mujer no se da cuenta que yo no quiero ningún trato con ella y menos después del infierno que viví cuando estaba con mi exmarido.

Cuando hablo con ella siempre intenta hacerme quedar como madre nefasta, como que me culpa de que mi hijo esté ahí dentro por mi culpa y eso no lo puedo permitir. Cuando no me culpa de eso me habla de la incompetencia del abogado que he buscado para mi hijo, me dice que con su abogado mi hijo no hubiese entrado en prisión, cosa que dudo totalmente. Me parece que esta mujer se está extralimitando en las funciones de amiga de mi hijo y me está cansando mucho.

Ya hoy le tuve que decir que si tanto quería ayudar a mi hijo que me echase una mano a pagar el abogado a lo cual su respuesta fue: "Huy, yo no tengo dinero".

Bueno pues si no tienes dinero ni para cargarle el teléfono tampoco tienes derecho a opinar. No tienes derecho a visitas ni llamadas porque no eres familia de mi hijo. Simplemente eres una de las tantas exparejas de mi exmarido.

Malmete a mi hija y en consecuencia de ello discutimos todos los días. Esta situación no se puede sostener, si sigue así voy a tener que cortarle las alas.

CAPITULO 9

Lunes 20 de diciembre 2021

Ha pasado ya tiempo desde que el abogado no me da noticias de cómo está la situación. Recuerdo que cuando le contraté me dijo que en veinte días tendría a mi hijo en casa. Pasó ese tiempo y mi hijo no salió. Me dijo que no me preocupase que volvía a presentar el nuevo recurso para poder sacarle de ahí y aún no he tenido respuesta de ese recurso ni me pasó el documento del atestado Policial donde se supone que consta todo al detalle. Mi hijo lleva ahí dentro casi tres meses, siendo inocente. Ya hemos encontrado un abogado. No me gusta el nuevo abogado, le veo un listo y un sacadinero. La próxima semana tengo cita con él para ver cómo vamos a recurrir todo y sacar a mi hijo de ahí.

Mi hijo en una carta me envió todo el atestado policial que Enrique no me había pasado en su momento. Está todo mezclado, tengo que organizarlo para ver por donde comienza todo y poder organizar así la historia en mi cabeza. Observo bien los papeles y veo que el denunciante no ha denunciado una vez, ha denunciado varias y encima ha ampliado denuncia.

Comienzo por el principio. No es una denuncia, es un parte de intervención policial que dice;

NATURALEZA DEL LUGAR: Vía pública urbana

PROVINCIA: Madrid

BASE DE ACTUACIÓN: Delitos Robo con violencia o intimidación

DESCRIPCIÓN DE LA ACTUACIÓN

-El vehículo indicativo mientras realizaban labores propias de seguridad ciudadana es comisionado por la centralita para dirigirse a la C/ Francia ya que allí se encuentra una persona menor de edad que ha sido víctima de un robo con violencia.

- Que los agentes acuden al citado domicilio donde se entrevistan con la víctima y el padre de la víctima, los cuales manifiestan que el menor subió al Metro Ligero de Madrid percatándose de que en el mismo vagón se subieron cuatro individuos con actitud sospechosa.

- Que al bajarse la víctima en la parada más cercana a su casa se bajan con él los cuatro individuos.

- Que en el trayecto desde la parada de metro ligero hasta el establecimiento veinticuatro horas los cuatro individuos se dirigen a la víctima preguntándole si tiene filtros para fumar a lo que contesta que no fuma, momento en el cual los cuatro individuos forcejean con la víctima golpeándole en varias ocasiones y arrancándole un colgante de oro.

- Que en ese momento uno de los cuatro, cuyas características aportadas por la víctima son las siguientes: varón bajo, tez blanca, con un tatuaje de una corona en el cuello, vistiendo una camiseta de Chicago Bulls y pantalón corto, la ha amenazado con una navaja.

- Que en ese mismo momento otro de los individuos dijo "vámonos que va a venir la policía" huyendo los cuatro dirección al Metro de nuevo.

- Que la víctima manifiesta que otro de los presuntos autores era de color negro, sobre 1,85 m de estatura al parecer dominicano, portando un pañuelo azul en la cabeza y vistiendo una camiseta azul.

- Que la víctima sobre los otros dos individuos lo único que aporta es que eran de piel blanca.

- Que preguntado la victima si necesita asistencia médica manifiesta que no, que está nervioso pero que no precisa asistencia.

- Que los agentes informan de los pasos a seguir para interponer la correspondiente denuncia.

- Que los agentes inspeccionan la zona para intentar localizar a los responsables con resultado negativo.

- Que igualmente el resto de indicativos son informados de las características de los autores para su posible identificación.

Sinceramente no tengo palabras para describir la cantidad de mentiras que se está diciendo en esta primera declaración. Podría habérmela creído de no haber visto los videos primero.

El muchacho comienza mintiendo sobre los supuestos atacantes, dice que eran cuatro y que ya estaban subidos al metro y eso no es cierto. En el vídeo se observa perfectamente que, aunque el entra después que mi hijo al metro mi hijo no accede al vagón hasta unos minutos antes de que el tren arranque. Continúa diciendo que él se baja antes que mi hijo y los otros tres y tampoco es cierto, se observa que primero se baja mi hijo con los conocidos y después se baja el muchacho. Alega que los cuatro le siguen y le preguntan si tiene filtros y tampoco es cierto, mi hijo se despide de sus amigos en la estación y cada uno tira por un lado distinto. También dice que le agredieron golpeándole varias veces. ¿Te golpean entre cuatro y no necesitas atención sanitaria? ¿Tus padres no te llevan al ambulatorio? siguen creciendo las mentiras del muchacho. Describe como va vestido mi hijo, pero mi hijo no lleva ningún pantalón corto ese día. El tatuaje no discuto que se lo haya visto, normal, después de ver cómo le observa con chulería cuando baja del metro y se fija en mi hijo precisamente. Sobre Steven tampoco acierta con su etnia, él no es dominicano ni es de piel negra, es ecuatoriano. Cuando habla de los otros dos individuos se refiere a Cristian y a Paula. Paula no es española, Cristian es rumano. Todo ello me lleva a la conclusión que el muchacho no ha contado ni una sola verdad en toda la declaración. Si los hechos han ocurrido en la tienda de veinticuatro horas ¿Porque la policía no ha pedido las cámaras del establecimiento? Ese establecimiento tiene cámaras que apuntan a la calle, a todos los ángulos de la calle y como dije anteriormente esa calle es una vía pública con mucha luz y bares abiertos, con gente entrando y saliendo constantemente en el establecimiento veinticuatro horas. Sinceramente, no hay prueba alguna que indique que mi hijo ha cometido semejante atrocidad.

No quiero seguir leyendo, me estoy poniendo de los nervios con tanta mentira del muchacho. ¿Cómo se puede tener tan mala sangre en el cuerpo?

El siguiente documento es la denuncia formal en comisaría, la cual dice:

- En Madrid, siendo las 02 horas y 23 minutos del día 4 de septiembre de 2021, ante el Instructor y secretario arriba mencionados.

- COMPARECE: En calidad de DENUNCIANTE, quien, mediante el DNI, acredita ser JUANJO, país de nacionalidad ESPAÑA, varón, nacido en Madrid, hijo de Agustín y María.

- Que ha sido previamente informado de la obligación legal que tiene de decir la verdad (Art. 433 de L.E.Cr.), de la posible responsabilidad penal en la que puede incurrir en caso de acusar o imputar falsamente a una persona una infracción penal (art. 456 de Código Penal), simular ser responsable o víctima de una infracción penal, denunciar una infracción penal falsa o inexistente (art. 457 de Código Penal), o faltar a la verdad en su testimonio (Art. 458 de Código Penal).

- Que una vez informado de lo anteriormente expuesto MANIFIESTA:

- Que denuncia los hechos, que se detallan a continuación, ocurridos a las 01:15 horas, del día 04/09/2021, en Vía pública urbana.

- Que se persona en estas dependencias junto a su padre.

- Que en la fecha y hora indicadas se bajó del metro ligero en la parada más cercana a su casa.

- Que CUATRO individuos desconocidos, los cuales ya le estaban observando en el interior del vagón, se bajaron en la misma parada.

- Que cuando se dirigía a su domicilio, observó como dos de los cuatro individuos le perseguían, momento en que se sintió intimidado y salió corriendo, llegando a saltar una valla.

- Que más o menos a la altura del establecimiento "Multitienda 24 horas", los dos individuos le dieron alcance, rodeando al ahora denunciante.

- Que uno de ellos comenzó a realizar preguntas, mientras otro daba vueltas a su alrededor.

- Que de repente uno de los individuos le empujó con el cuello contra una pared, mientras el otro haciendo uso de una navaja le intimidó diciendo "EL MOVIL O TE APUÑALO".

- Que al ser avisados por uno de los dos individuos que en un primer momento permanecieron al margen de que venía la Policía, los dos asaltantes salieron corriendo, no sin antes arrancar la cadena de oro que portaba el ahora denunciante y romperle la sudadera y la camiseta que portaba.

- Que los datos descriptivos que puede aportar de los dos asaltantes son:

*/ SUJETO 1: VARON, color de la piel: moreno, con rasgos dominicanos; altura 185 cm, complexión: DELGADA; pelo desconocido, ya que portaba un pañuelo en la cabeza; Tatuaje: cree que tenía un tatuaje en el pecho. Vestía: Camiseta azul y pantalón largo.

*/ SUJETO 2: VARON; color de piel: blanco, cree que es español; altura: 175 cm; complexión: FUERTE; pelo corto de color castaño o negro; Tatuaje: Corona tatuada en el cuello; Vestía: Camiseta de los Chicago Bulls rojo y pantalón corto de color rojos.

- Que el SUJETO 1 fue quien le agarró y le empujó por el cuello y arrancó la cadena de oro mientras que el SUJETO 2 fue quien le intimidó con el arma blanca.

- Que desconoce si hay cámaras en las proximidades del hecho.

- Que en este mismo acto se le informa de manera verbal de los derechos que le asisten como ofendido o perjudicado, o víctima de un

delito, a tenor de lo dispuesto en los artículos 771.1ª, 109 y 110 de la Ley de Enjuiciamiento Criminal, y Ley 35/1995, de 11 de diciembre, respectivamente, así como también en base a la ley 4/2015 del Estatuto de la Víctima. Dicha información queda plasmada en acta aparte siendo su deseo que la misma le sea entregada de manera impresa en este acto.

- RELACIÓN DE OBJETOS

Joyas:

- CADENA, CON MEDALLA DE CRISTO Y VIRGEN, con inscripción NINGUNA, de color AMARILLO, realizada en ORO.

ADVERTENCIA LEGALES:

- Finalmente en este mismo acto, por parte de esta Instrucción también se le informa y advierte de lo siguiente:

- Que la copia de este documento, solo tiene valor de resguardo de haber formulado denuncia (art. 268 LECrim) y, por lo tanto, no certifica como ciertos o verdaderos los hechos denunciados, así como tampoco acredita la identidad de la persona que la porte.

- En cumplimiento de lo estipulado en la L.O 15/99 de 13 de diciembre de Carácter Personal se le informa que sus datos personales serán incorporados al fichero Sidenpol, cuyo responsable es la Dirección Adjunta Operativa. Órgano mediante el cual podrá dirigirse para ejercer los derechos de acceso, rectificación y cancelación.

- Que al amparo del Estatuto de la Víctima y del R. D. que lo desarrolla es informado que, como Víctima de infracción penal, tiene derecho a recibir la asistencia que presta las Oficinas de Asistencia a

las Víctimas y que consiste en información general y particular, apoyo emocional, asesoramiento y coordinación.

- Que no tiene más que decir, firmando su declaración en prueba de conformidad, en unión del Instructor. COSNTE Y CERTIFICO.

Mis ojos no daban crédito a lo que estaba leyendo, no me podía creer que alguien pudiese mentir de esa forma. Este chico ahora dice que cuatro individuos le observaban desde dentro del vagón y en los vídeos se puede observar que ninguno de los cuatro le miro en ningún momento, es más dos de ellos estaban de espaldas y el propio denunciante también les daba la espalda a ellos ¿Como puedes ver que te observan si vas de espaldas al resto? En esta versión dice que son dos los que le dan alcance a la altura de la tienda veinticuatro horas, cuando en el informe policial anterior aseguraba que eran cuatro y encima ahora es más o menos a la altura del establecimiento y ya no es en el establecimiento. Aquí veo que se vuelve a contradecir porque primero dice que solo dos le dan alcance, pero de pronto sin más vuelven a ser cuatro cuando dicen que viene la policía. ¿Son dos o son cuatro? este chico sigue mintiendo. Alega que le vio el tatuaje del pecho a Steven Jesús y la pregunta a esto es ¿Como puede ver un tatuaje en el pecho cuando Steven lleva una sudadera azul de manga larga y de cuello cerrado? ¿Le conocías de antes para saber que lleva ese tatuaje y en esa zona? No doy crédito a cómo va cambiando toda la versión. Ahora dice que desconoce si hay cámaras. Eso ya no se lo cree nadie. Sabes perfectamente que hay cámaras porque vives a 50 metros escasos de donde dices que te han atracado. No soporto las mentiras de este talante y menos cuando está en juego la vida de un inocente.

Los artículos 456 y 458 del Código Penal dicen:

El testigo que faltase a la verdad en su testimonio en causa judicial, será castigado con las penas de prisión de seis meses a dos años y multa de tres a seis meses.

Si el falso testimonio se diera en contra del reo en causa criminal por delito, las penas serán de prisión de uno a tres años y multa de seis a doce meses. Si a consecuencia del testimonio hubiera recaído sentencia condenatoria, se impondrán las penas superiores en grado.

Las mismas penas se impondrán si el falso testimonio tuviera lugar ante Tribunales Internacionales que, en virtud de Tratados debidamente ratificados conforme a la Constitución Española, ejerzan competencias derivadas de ella, o se realizara en España al declarar en virtud de comisión rogatoria remitida por un Tribunal extranjero.

Entiendo que esto sea una advertencia legal para que el ciudadano no cuente mentiras, pero ¿se cumplen después estas sanciones por mentiras contra un preso?

CAPITULO 10

Martes 21 de diciembre 2021

Ayer ya no pude seguir leyendo el atestado policial. De verdad que mis ojos no dan crédito a lo que estaba leyendo. Tantas mentiras juntas no termino de explicármelas.

Continúo organizando los documentos del informe policial y observo que lo siguiente es una exploración al denunciante con fecha posterior al día de los hechos.

EXPLORACIÓN AL MENOR:

- En esta localidad, siendo las 17 horas 22 minutos del día 14 de septiembre de 2021, ante el Instructor y el secretario mencionados, sin la presencia de Letrado, se procede a la exploración del menor mediante el DNI acredita ser JUANJO, país de nacionalidad ESPAÑA, varón, nacido en Madrid, hijo de Juan Agustín y Sara María, con domicilio en C/ Francia.

- La presente exploración se realiza en presencia de quien mediante DNI acredita ser María, país de nacionalidad España, mujer, nacida en Madrid.

- Y a las preguntas que le son formuladas el menor MANIFIESTA:

- Que el declarante se persona ante esta Instrucción libre y voluntariamente, previamente citado en calidad de víctima, para ser oído en declaración por los hechos ocurridos el día 04/09/2021 sobre las 01:15 y reflejados en atestado policial de esta comisaria.

- Que en la fecha y hora indicadas se bajó del metro en la parada más cercana a su domicilio dándose cuenta de que CUATRO individuos desconocidos, ya le estaban observando en el interior del vagón en el que viajaba, para posteriormente bajarse en la misma parada dichas personas.

- Que cuando se dirigía a su domicilio, observó como dos de los cuatro individuos comenzaron a seguirle, momento en que se sintió intimidado y salió corriendo, llegando a saltar una valla.

- Que más o menos a la altura del establecimiento "Multitienda 24 horas", los dos individuos le dieron alcance, rodeando al ahora denunciante mientras uno de ellos comenzó a realizar preguntas y el otro daba vueltas a su alrededor.

- Que de repente el individuo con rasgos dominicanos, vestido de azul y que portaba un pañuelo de color negro en la cabeza, y un tatuaje en el pecho, le empujó por el cuello contra una pared, para posteriormente darle un fuerte tirón arrancando la cadena de oro que llevaba al cuello.

- Que mientras tanto el otro individuo de aspecto español, que vestía camiseta roja de los Chicago Bulls y pantalón rojo, con un tatuaje de una corona en el cuello, que, haciendo uso de una navaja, le amenazaba diciendo "EL MOVIL O TE APUÑALO"

- Que al ser avisados por uno de los dos individuos de que venía la Policía, los dos asaltantes salieron corriendo, no sin antes arrancar la cadena de oro que portaba el ahora denunciante y romperle la sudadera y la camiseta que portaba.

- Que en este mismo acto al declarante le es mostrado el previamente confeccionado y denominado ANEXO UNO (1), compuesto por 6 fotografías de personas con características físicas similares entre sí, donde el declarante, reconoce SIN GENERO DE DUDAS NI ERROR POSIBLE al varón que aparece en el FOTOGRAMA de la posición UNO (1) como el individuo de aspecto español, que vestía camiseta roja de los Chicago Bulls y pantalón rojo, con un tatuaje de una corona en el cuello que haciendo uso de una navaja le amenazaba diciendo "EL MOVIL O TE APUÑALO". firmando sobre su imagen en prueba de conformidad.

- Que en este mismo acto al declarante le es mostrado el previamente confeccionado y denominado ANEXO DOS (2), compuesto por 6 fotografías de personas con características física similares entre sí, donde el declarante, reconoce SIN GENERO DE DUDAS NI ERROR POSIBLE al varón que aparece en el FOTOGRAMA DOS (2) como el individuo con rasgos dominicanos, vestido de azul y que portaba un

pañuelo de color negro en la cabeza y un tatuaje en el pecho, le empujó por el cuello contra una pared, para posteriormente darle un fuerte tirón arrancando la cadena de oro que llevaba al cuello firmando sobre su imagen en prueba de conformidad.

ADVERTENCIAS LEGALES

- Finalmente en este mismo acto, por parte de esta Instrucción también se le informa y advierte de lo siguiente:

- Que la copia de este documento, solo tiene valor de resguardo de haber formulado denuncia (art.268 LECrim) y, por lo tanto, no certifica como ciertos o verdaderos los hechos denunciados, así como tampoco acredita la identidad de la persona que la porte.

- En cumplimiento de lo estipulado en la L.O 15/99 de 13 de diciembre de Carácter Personal se le informa que sus datos personales serán incorporados al fichero Sidenpol, cuyo responsable es la Dirección Adjunta Operativa. Órgano mediante el cual podrá dirigirse para ejercer los derechos de acceso, rectificación y cancelación.

- Que al amparo del Estatuto de la Víctima y del R. D. que lo desarrolla es informado que, como Víctima de infracción penal, tiene derecho a recibir la asistencia que presta las Oficinas de Asistencia a las Víctimas y que consiste en información general y particular, apoyo emocional, asesoramiento y coordinación.

- Que no tiene más que decir, firmando su declaración en prueba de conformidad, en unión del Instructor. COSNTE Y CERTIFICO.

De verdad que no comprendo nada de lo que está ocurriendo. Cada vez me sorprendo más de las cosas. El chico sigue insistiendo que son cuatro los asaltantes, si son cuatro ¿Porque no están implicados los cuatro en el auto de prisión? ¿No se supone que en la declaración que hizo alegó que dos le atracaban y los otros dos miraban?

Alega que cuando le empezaron a seguir dos de los individuos salió corriendo y llegó a saltar una valla. ¿Dónde está ese vídeo en el cual se le ve saltando una valla? La única valla que hay y está abierta para que la gente pase es la del metro. En ningún momento se puede producir esa situación porque la calle en la que se supone se produjo el robo no hay ninguna valla y está a escasos doscientos metros del metro.

Antes, en su declaración anterior el denunciante alegó que el robo fue en el establecimiento "Multitienda 24 horas", en esta exploración ha cambiado su versión, dice que fue más o menos cerca del establecimiento, pero ya no fue en el establecimiento. ¿Porque ha cambiado esto? lo ha hecho porque es consciente que el establecimiento tiene luz, cámaras y está transitado durante todas las horas del día. Alega también que mientras el chico de rasgos dominicanos rodea le rodea y le hace preguntas mientras que mi hijo solo da vueltas a su alrededor. ¿Si solo da vueltas como puede amenazarte a la vez con una navaja?

Sigue alegando que el de rasgos dominicanos lleva un tatuaje en el pecho, pero no se lo pudo ver en ningún momento pues llevaba puesto una sudadera azul de manga larga y cuello cerrado. Dice que también le empujó por el cuello contra una pared para darle un tirón de la cadena que llevaba al cuello, pero vuelvo a lo mismo, todo me parecen mentiras puesto que las únicas paredes que hay son la del establecimiento y unos bares que hay en esa calle, esa calle es transitada las veinticuatro horas del día y más en verano y vísperas de fiestas patronales que la gente va a todas horas a comprar bebida, hielo y tabaco. De haber sucedido ese hecho alguien tenía que haberlo visto y hubiese quedado grabado en las cámaras de los establecimientos. No comprendo cómo la policía no ha pedido esas imágenes. Sin esas imágenes no hay delito y no se puede culpar a alguien por salir en un vídeo del metro.

Habla de una rueda de reconocimiento fotográfica, quiero ver esas fotos y comprobar si realmente alguno de los individuos se parece a mi hijo. Además, alegan en las exploraciones al menor que les reconoció a ambos como los que viajaban en el metro.

No doy crédito, ¿Cómo puede ser posible que con falta de pruebas se pueda inculpar a alguien? Empiezo a pensar que todo esto ha sido amañado previamente puesto que hay cosas incongruentes y que son totalmente imposibles como ver un tatuaje en el pecho cuando llevas una sudadera.

Los siguientes documentos que tengo aquí son los del atestado policial, todo el trabajo que ha hecho la policía en relación al caso.

-DILIGENCIA INICIAL. - Se extiende la presente para hacer constar que las presentes son ampliatorias a las diligencias de fecha 04/09/2021 de esta comisaría, en las que el menor de edad, Juanjo y acompañado de su padre Agustín, daba cuenta del robo con violencia sufrido por dicho menor el pasado día 24/08/2021, sobre las 01:15 horas en la salida del metro, siendo los presuntos autores de los hechos dos varones.

- Que el día 04/09/2021 sobre las 01:15 horas el menor se bajó del metro, dándose cuenta de que cuatro individuos desconocidos ya le estaban observando en el interior del vagón en el que viajaba, para posteriormente estos bajarse en la misma parada que el denunciante.

- Que cuando se dirigía a su domicilio, observó como dos de los cuatro individuos comenzaron a seguirle, momento en que se sintió intimidado y salió corriendo, llegando a saltar una valla.

- Que aproximadamente a la altura del establecimiento "Multitienda 24 horas", los dos individuos le dieron alcance, rodeando ambos al denunciante. Que mientras uno de ellos le realizaba preguntas, el otro daba vueltas a su alrededor.

- Que de repente el individuo con rasgos dominicanos, vestido de azul y que portaba un pañuelo de color negro en la cabeza, y un tatuaje en el pecho, le empujó por el cuello contra la pared, y mientras tanto el otro individuo de aspecto español, que vestía camiseta roja de los CHICAGO BULLS y pantalón rojo, con un tatuaje de una corona en el cuello, le mostro una navaja, mientras le amenazaba diciendo: "EL MOVIL O TE APUÑALO".

- Que uno de los individuos avisó de que venía la Policía, los dos asaltantes salieron corriendo, no sin antes arrancar la cadena de oro que portaba el ahora denunciante y romperle la sudadera y la camiseta que portaba.

- Que por todo lo anteriormente narrado el señor instructor dispone se proceda a la práctica de gestiones para el total esclarecimiento de los hechos.

- CONSTE Y CERTIFICO.

Desde luego me quedo fría cuando leo esto. La policía está claro que busca un culpable sí o sí. Les da exactamente igual si es un inocente o no. En esta diligencia inicial me dejan claro que no saben ni en qué día ocurren los hechos. ¿Dicen que el robo con violencia fue el día veinticuatro de agosto ahora? Lamentablemente que existan personas así por el mundo es una lástima, pero que encima sean funcionarios ya es el colmo. El día veinticuatro de agosto mi hijo o supuesto agresor como ellos insisten en llamarle estaba en Málaga de vacaciones, mi hijo regresó el tres de septiembre de esas vacaciones.

El muchacho en su declaración decía que el que le rodeo fue el de rasgos dominicanos y aquí la policía ha puesto que fueron ambos los que le rodearon. De verdad que esto es un despropósito total. No te puedes fiar de la policía jamás.

CAPITULO 11

Miércoles 22 de diciembre 2021

Continúo leyendo las pruebas que ha pedido la policía. Han realizado una solicitud de datos protegidos al Metro. Sin esa solicitud no podían solicitar los vídeos.

- DILIGENCIA DE SOLICITUD DE DATOS PROTEGIDOS: Se extiende la presente para hacer constar que por parte de esta instrucción se solicitan las grabaciones de las cámaras de vídeo vigilancia de Metro del día 04/09/2021 entre las 01:00 horas y las 01:15 horas de la parada BELGICA, en las que se pueda observar a un varón vestido con pantalón corto rojo, camiseta roja de los CHICAGO BULLS con tatuaje en el cuello de una corona, acompañado de un segundo varón de aspecto dominicano, con pañuelo negro en la cabeza.

- Que igualmente se solicita informen sobre si alguno de los dos varones indicados dispondría de billete de acceso.

- Que dicha solicitud se lleva a cabo mediante oficio de esta comisaría, del que se adjunta copia al representante. CONSTE Y CERTIFICO.

Es normal que la policía pida los vídeos para confirmar los datos. Lamentablemente vuelvo a incidir en que la descripción de como vestía mi hijo no concuerda con lo descrito. El siguiente documento es la recepción de los vídeos.

-DILIGENCIA DE RECEPCIÓN DE INFORMACION Y VISIONADO DE IMAGENES: Se extiende la presente para hacer constar que, una vez recibidas las imágenes solicitadas a Metro, por parte de esta instrucción se procede al visionado de las mismas.

-Que en el transcurso del visionado se puede observar a DOS varones que coinciden plenamente con la descripción física aportada por el denunciante.

- Que igualmente, en dichas imágenes se puede observar cómo acceden los dos varones a las instalaciones del metro, saltando uno de ellos el torno de acceso y accediendo la otra persona a través de los tornos, al parecer con un abono transporte.

- Se significa, que igualmente, Metro aporta información del abono transporte utilizado por uno de los individuos el día 04/0972021 a las 00:49 horas, siendo el abono joven de transporte.

-Que junto con el presente se adjunta CD-ROM con las imágenes aportadas por Metro, así como la documentación relacionada con el abono transporte. CONSTE Y CERTIFICO.

De verdad he de decir que si hay algo que me molesta mucho en esta vida son las mentiras. Estoy cansada de escucharlas a diario, pero más me agota que la propia policía, esas personas que deberían ser justas mientan como no han mentido nunca al decir que la descripción de mi hijo concuerda perfectamente con la descripción aportada por el denunciante. No concuerda. La camiseta de mi hijo sí era de los CHICAGO BULL, pero no era roja, es negra y no llevaba pantalones cortos, llevaba pantalones largos.

La policía pide más datos al consorcio de transportes.

-DILIGENCIA DE GESTIONES CON EL CONSORCIO DE TRANSPORTES DE MADRID: Se extiende la presente para hacer constar que tras haber aportado Metro los datos asociados al abono transporte utilizado por

uno de los sujetos se procede a solicitar al CONSORCIO DE TRANSPORTES los datos de titularidad de dicho abono, lo cual se lleva a efecto mediante oficio de esta comisaría, del que se adjunta copia al presente.

- Que posteriormente se recibe contestación de la titularidad de dicho abono siendo:

- STEVEN. CONSTE Y CERTIFICO.

La policía ha dado con el primer presunto autor de los hechos, lo tenían fácil tras haber accedido a los datos del consorcio de transportes. Lo siguiente que aparece en el atestado policial es un apartado que directamente pone:

- DILIGENCIA DE GESTIONES: Se extiende la presente para hacer constar que, realizadas las gestiones oportunas con las bases de datos policiales, a fin de proceder a la identificación del segundo varón que reúne las características físicas aportadas por el denunciante, siendo: AARÓN.

- Que por todo lo anteriormente narrado el Sr. Instructor dispone se proceda a la elaboración de composiciones fotográficas y posterior citación de la víctima de los hechos a fin de practicar diligencia de reconocimiento fotográfica. CONSTE Y CERTIFICO.

Ale, así sin más han incluido a mi hijo porque sí. Sin más pruebas. Es como el anuncio de la Lotería "Antonio te ha tocado ser un presunto autor de un delito de robo con violencia porque no tenemos más sospechosos a los que culpar". Pues sí, increíble pero cierto. Así funciona la policía. Lo siguiente es la citación a la presunta víctima para que acuda al reconocimiento fotográfico.

-DILIGENCIA DE PERSONACION Y RECONOCIMIENTO FOTOGRAFICO. - Se extiende para hacer constar que siendo las 17:22 horas del 14 de septiembre de 2021 se persona en estas dependencias el menor de edad JUANJO acompañado de su madre MARIA por lo que el Sr. Instructor dispone se proceda a mostrarle al menor las composiciones fotográficas denominadas ANEXO 1 y ANEXO 2, los cuales están formados por SEIS FOTOGRAFÍAS de varones con características físicas similares a las de los presuntos autores de los hechos.

- Que en dicho ANEXO 1 Juanjo, reconoce SIN GENERO DE DUDAS NI ERROR POSIBLE al varón con FOTOGRAFÍA UNO como el individuo de aspecto español, que vestía camiseta roja de los Chicago Bulls y pantalón rojo, con un tatuaje de una corona en el cuello, que haciendo uso de una navaja le amenazaba diciendo "EL MOVIL O TE APUÑALO"

- Que en dicho ANEXO 2 reconoce SIN GENERO DE DUDAS NI ERROR POSIBLE al varón con FOTOGRAFÍA DOS como el varón con rasgos dominicanos, vestido de azul y que portaba un pañuelo de color negro en la cabeza y un tatuaje en el pecho, le empujó por el cuello contra una pared, para posteriormente darle un fuerte tirón arrancando la cadena de oro que llevaba al cuello.

- Que todo lo anteriormente narrado queda reflejado en Acta aparte que se adjunta al presente junto con las composiciones fotográficas denominadas ANEXO 1 y ANEXO 2.

- CONSTE Y CERTIFICO.

Madre del amor hermoso. increíble el fraude que se han montado con el reconocimiento fotográfico. Se supone que tendrían que haber puesto personas con las mismas características que mi hijo y no ha sido así. He observado las fotografías junto con el abogado y mi sorpresa ha sido que ningún individuo era español salvo mi hijo. Había tres marroquís y dos dominicanos. Así evidentemente no podía haber error a la hora de reconocer a alguien. Es como cuando dices que una persona iba en un caballo blanco y le colocas como ejemplos otras cinco personas subidas a un elefante. Todo está mal, no me queda duda ninguna que han ido a inculpar a mi hijo al cien por cien. ¿Cómo puede dar esto por válido un Juez?

Ahora viene lo más gracioso de todo el tema. Por lo visto ahora vienen los antecedentes penales en el atestado y quiero ver que dicen sobre mi hijo porque no tiene antecedentes y eso lo sé a ciencia cierta.

- DILIGENCIAS DE ANTECEDENTES. - Se extiende para hacer constar que, consultadas las Bases de Datos Policiales a fin de comprobar los antecedentes que pudiesen obrar a nombre de los dos varones reconocidos como los presuntos autores de los hechos, dan como resultado:

- A nombre de AARÓN figuran CINCO reseñas, siendo:

* En fecha 15/03/2017 en la COMISARIA con motivos MALOS TRATOS FÍSICOS EN EL AMBITO FAMILIAR.

* En fecha 09/03/2018 en la COMISARIA con motivos MALOS TRATOS FÍSICOS EN EL AMBITO FAMILIAR // DELITO DE MALTRATO O ABANDONO DE ANIMALES.

* En fecha 23/10/2020 en la COMISARIA con motivos LESIONES

En fecha 21/02/2021 en la COMISARÍA con motivos AMENAZAS

En fecha 09/07/2021 en la COMISARIA con motivo RESISTENCIA/ DESOBEDIENCIA.

Que a fecha del presente no le figura ningún señalamiento en vigor.

Ahora ya si me he llevado las manos a la cabeza. Esas cinco reseñas que constan a nombre de mi hijo son falsas y claro que no figura ninguna en vigor porque ninguna de ellas es cierta. A las dos primeras son falsas totalmente, nunca mi hijo ha maltratado a nadie en el ámbito familiar y menos a un animal. Todas las broncas que he tenido con él han sido porque se empeñaba en salvar todos los animales que se encontraba por la calle. La tercera reseña fue una denuncia que puso el exnovio de mi hija para hacer daño y se demostró con todas las pruebas que mi hijo no le agredió nunca y como prueba tengo la resolución del juez que dice que mi hijo es totalmente inocente. La cuarta reseña también es falsa, esa viene de la rotura de nariz a mi hijo por parte de su jefe que aún estamos esperando que salga juicio, es más esa denuncia la pusimos nosotros por agresión. Me parece mentira que la policía pueda mentir y falsificar datos así a su placer. La quinta reseña es la única verdadera a medias, sí que ha tenido una resistencia o desobediencia a la autoridad, pero también con motivos justificados pues le quitaron a su perra cuando la estaba paseando sin motivo ninguno. Esa perra la recogí yo de comisaria municipal y cuando me la entregó el policía tras haber presentado la documentación del animal me dijo que lo sentía y que se había encaprichado del animal sin saber que realmente tenía documentación. ¿En serio ese impresentable de policía me estaba diciendo que quería quedarse a la perra?, pues sí, aunque suene extraño e increíble así era y por lo que después me comento un compañero de ese policía ya lo había hecho otras veces porque se dedicaba a adiestrar a ese tipo de perro. Mi duda es... ¿Los policías si pueden incurrir en falsas acusaciones? si es así, lo siento, pero los ciudadanos estamos totalmente desamparados.

- A nombre de STEVEN figuran SIETE reseñas, siendo:

* En fecha 02/02/19 en la COMISARIA con otro motivo OTRAS INFRACCIONES CONTRA LA LEY DE EXTRANJERÍA.

* En fecha 16/06/19 en la COMISARIA con motivo HURTO.

* En fecha 17/06/19 en la COMISARIA con motivo HURTO.

* En fecha 08/08/19 en la COMISARIA con motivo ROBO CON VIOLENCIA E INTIMIDACIÓN.

* En fecha 12/02/2021 en la COMISARIA con motivo ATENTADO CONTRA LA AUTORIDAD / AGENTES / FUNCIONARIOS.

* En fecha 27/02/2021 en la COMISARIA con motivo LESIONES.

* Que a fecha del presente le figura en VIGOR la siguiente requisitoria: BUSQUEDA, DETENCIÓN Y PERSONACION interpuesta por la COMISARIA, con motivo ROBO CON VIOLENCIA E INTIMIDACIÓN con fecha en vigor 10/09/2021.

- CONSTE Y CERTIFICO.

Desde luego menuda joya de amigo fue a buscarse mi hijo, desde luego este tipo de personas si deberían estar presas. Empiezo a pensar que STEVEN pertenece a alguna banda porque si no, no es normal tanto delito junto y seguido.

Los siguiente que aparece en el auto policial son las diligencias de citación tanto a mi hijo como al otro sospechoso. Ambos acudieron a la hora citada a ver de qué se trataba, cada uno por separado. Cuando acompañé a mi hijo para ver de qué se trataba fue cuando empezó toda esta pesadilla.

CAPITULO 12

Jueves 23 de diciembre 2021

Se acerca Navidad. Es el primer año que no voy a poder pasarlo con mi hijo. Otros años a estas alturas ya he organizado toda la casa, la he decorado con luces llamativas y colocado muérdago en todas las puertas. Siempre me gustó la Navidad, pero este año no he puesto ni el árbol.

No sé hasta cuando podre aguantar esta situación, creo que me estoy volviendo loca completamente. Nadie se imagina el dolor de una madre cuando le quitan a su hijo de esta forma. Nos hemos escrito unas cuantas cartas en este tiempo, pero nada se iguala a estar juntos, a volver a abrazarle. No me puedo permitir llorar, no puedo permitir que mi hija me vea hundida por completo porque ella tampoco lo está pasando bien.

No somos una familia peculiar donde todos nos llevamos bien, discutimos constantemente por tonterías. Nos tratamos como amigos entre nosotros, siempre con respeto. Me cuentan sus cosas y me piden opinión. Recuerdo cada vez que hemos ido de compras, no les gusta ir con sus amigos, sería lo más normal en las edades de mis niños, prefieren ir conmigo, eso sí, siempre digo que no vuelvo con ellos, me dejan la cabeza loca con sus oufits de ropa, pero siempre pico y vuelvo a ir porque al final es tiempo que puedo compartir con ellos.

En fin, espero que pronto pueda volver a disfrutar de todo eso que me estoy perdiendo. Le extraño tanto....

Sigo revisando página por página todo el atestado policial, mi hijo en su detención decide llamarme para informarme que se queda detenido. Esa llamada telefónica aparece registrada y guardada en el Libro Oficial de Telefonemas de la comisaría. Observo que a STEVEN le han hecho un cacheo y le quitan todas sus pertenencias, entre ellas aparece su abono transportes con el cual accedió al metro ese día en el que se cometieron los hechos. A mi hijo no aparece ningún cacheo. STEVEN no realiza ninguna llamada a sus familiares. ¿Tendrá problemas con sus padres?, esa pregunta no se me va de la cabeza.

Posteriormente se comunica al Juzgado de Instrucción de Guardia los hechos y las detenciones de ambos como presuntos autores de los hechos de ROBO CON VIOLENCIA E INTIMIDACIÓN.

Piden una identificación dactilar de ambos muchachos.

- DILIGENCIA DE CUMPLIMIENTO DEL PLAN NACIONAL DE IDENTIFICACIÓN DE DETENIDOS. - Se extiende al objeto de disponer de un sistema que garantice la identificación de la persona encausada en el curso de todo el proceso penal, creando un vínculo cierto con el encausado durante toda su tramitación, y asegurando de esta manera la continuidad de la cadena de custodia.

- Que así mismo para garantizar esa seguridad jurídica, en este momento se inicia esa cadena identificativa por el Instructor, cumplimentando el impreso formalizado de identificación de Detenidos en sus correspondientes campos.

- Que, para una mayor fiabilidad de esa identificación, un funcionario adscrito a la Brigada de Policía Científica, una vez entintados las

falanges de los dedos índices de la mano derecha e izquierda de los detenidos, las imprime en las dos casillas correspondientes del impreso relativas a "Impresiones en la Dependencia".

- Que a este documento se le da traslado a la Brigada de Policía Científica de esta comisaría, donde se procederá a comprobar dicha identidad y a emitir el Certificado de Identidad Dactilar, documentos que se unirán al cuerpo del atestado.

- CONSTE Y CERTIFICO.

Los resultados concuerdan con los datos de huella dactilar en las bases de policía científica tanto de mi hijo como con los de STEVEN.

A las doce y treinta ocho del día veintitrés de septiembre se personan los abogados de oficio defensores en las dependencias de policía nacional para tomar nuevamente declaración a los detenidos. Mi hijo no testificó en comisaría, no sabía que decir porque no estaba involucrado directamente en los hechos, le involucró Steven al día siguiente al contarle lo que había hecho y no quería declarar en contra del muchacho. A fin de cuentas, se conocían y estaba intentando ayudarle a que tuviese amigos, le daba pena que estuviese todo el día solo deambulando por las calles del barrio.

Se les cita en la sede Judicial el día veinticuatro de septiembre, pasan toda la noche en el calabozo. Antes de pasar al juzgado esa misma noche del veintitrés de septiembre la policía organiza una rueda de reconocimiento para ambos. Tras esa rueda de reconocimiento ambos muchachos dan positivo y proceden a informar al juzgado de que al día siguiente pasarán a disposición judicial para imputar a ambos.

Ya en el Juzgado se procede a una vista rápida con el menor y los dos imputados.

ACTA RESUMEN DE LA EXPLORACIÓN DEL MENOR DE EDAD

En este juzgado a veinticuatro de septiembre de dos mil veintiuno.

A las 11:56 horas, ante S.S., con mi asistencia como Letrado/a de la Administración de Justicia, comparece JUANJO al objeto de prestar declaración en la presente causa en concepto de víctima.

Asiste a esta declaración el Ministerio Fiscal

S.S. le instruye de la obligación que tiene de decir la verdad en lo que fuere preguntado, así como de las penas con que el Código Penal castiga el delito de falso testimonio en causa criminal.

Preguntado si conoce a las demás personas implicadas en los hechos investigados y si tiene con alguna de ellas parentesco, amistad o relaciones de cualquier clase, manifiesta: Que no.

Preguntado sobre los hechos objeto de la causa, manifiesta: vio a las dos personas esperando fuera del metro, él subió cinco minutos antes de que saliese el metro. Pararon delante del una vez y se sentaron como vigilándole. Luego el bajo en su parada y vio que esos dos se bajaron con otras dos personas, no sabe si se conocían o no. El menor salto la valla porque se sentía un poco acosado, vio que salían tras él, saltaron dos la valla los que habían pasado delante del antes. Le alcanzaron y le rodearon, le preguntaron si tenía papelas de fumar, y justo entonces el más moreno que llevaba un pañuelo azul en la cabeza y algo como un tatuaje en la zona central y baja del cuello (no el que llevaba la corona tatuada en un lado del cuello, ese era el otro), le estampó contra la pared, con el brazo en su garganta y le empezó a dar tirones en el cuello para quitarle la medalla mientras el otro (el de la corona tatuada) le amenazaba con una navaja poniéndosela en el lado izquierdo de la tripa diciéndole "el móvil o te apuñalo. El de la corona es el que ha reconocido en la rueda. También le rompieron la sudadera y la camiseta. El que le daba tirones y le arrancó la cadena era el otro, no el de la corona. La cadena se la arrancaron, de la fuerza salió medio despedida, cayó al suelo y se la llevaron. Los otros dos observaban como de lejos. Los dos que habían pasado delante de el en el metro fueron los mismos dos que luego le robaron y los que identificó en policía. Uno de ellos es el que ha reconocido en la rueda.

A preguntas del Fiscal: el del tatuaje de la corona llevaba una camiseta y pantalones de los Bulls, camiseta roja y pantalones cortos negros y rojos, ese es el de la corona tatuada. Ese lo único que dijo fue "el móvil o te apuñalo", era español. El otro tenía un pañuelo azul en la cabeza, de los demás no se acuerda, es el que le pregunto si tenía papelas y el que le agredió contra la pared, tenía acento sudamericano. No los había visto antes. No llegó a ver la navaja, la sintió, sintió un filo, no está seguro de que fuera una navaja, pero era algo puntiagudo, cree que era una navaja porque no era algo grande, se la puso en la sudadera. Sintió que peligraba su vida. No hubo forcejeo. No tiene lesiones, solo un moratón en la espalda por el empujón y arañazos en el pecho, pero no fue al médico y dado el tiempo ya no le quedan marcas, no quiere ser visto por el Médico. El lugar era una pared de ladrillo, es una zona oscura. En el metro donde los ve si había luz. Está totalmente convencido de que los dos que vio en el metro son los que le siguieron y le agredieron. Anduvo rápido y salto una valla porque se sentía amenazado. La cadena de oro,

104

reclama. La sudadera era Fred Perry, su madre aclara que de unos ciento diez euros y la camiseta de unos cincuenta euros. Fue una agresión intensa. El moreno estaba tras el declarante, cuando la agresión el otro le estaba como rodeando. El moreno fue quien recogió la cadena del suelo. La cadena es un escapulario, aclara también la madre.

A preguntas de la Letrada: no hay preguntas.

A preguntas del Letrado: el de rasgos latinos era de complexión fuerte, de altura más o menos como el declarante ciento ochenta y cuatro centímetros de alto.

Preguntado nuevamente por SS: los dos que pasaron delante en el metro no se cruzaron con los otros dos, que subieron en el metro un par de paradas después. Los otros dos, por tanto, no estaban cuando el declarante sube al metro.

Se hace constar que la presente es un acta-resumen de la exploración, la cual ha sido grabada, y en caso de discrepancia entre lo transcrito y la grabación, tendrá que atenerse a lo que conste en la grabación.

Lamentablemente a mi parecer toda esta declaración del menor no debería haberse tomado en cuenta puesto que no ha dicho ni una sola verdad puesto que la zona que describe como oscura no existe, está lleno de farolas y de gente puesto que hay bares, un veterinario, la vinoteca y en la acera de enfrente hay una guardería. No existen paredes de ladrillo salvo las de los propios bares, ¿Te arriesgarías a robar a una persona en la puerta de un bar abierto arriesgándote a que te pillen? No, ni el más torpe de los ladrones se arriesgaría a hacer semejante locura.

Por gente como este chico hay inocentes en prisión, lamentablemente muchos de ellos no llegan a salir porque prefieren quitarse la vida dentro de esos lugares. Yo no estoy dispuesta a llegar a ese extremo. No voy a permitir que a mi hijo le pase algo malo allí.

Si me preguntan como son las prisiones de menores de veintiún años... pues una prisión no es como las que útilmente muestran en las televisiones que se ve una imagen con excelentes instalaciones, esto solo ocurre en centros penitenciarios modernos que pueden parecer como sitios de vida casi de lujo, no es cierto. Son edificios para una vida decorosa que, en los centros modernos, pueden contener instalaciones deportivas o culturales que hacen la vida más llevadera dentro de la prisión, cuyo mal debe limitarse a la falta de libertad. Pero en modo alguno a unas condiciones indecorosas de vida.

En España se dice que el respeto a los derechos humanos de los internos es del máximo nivel es totalmente incierto. Tienes que estar en pie y con la cama hecha a cierta hora de no hacerlo así tendrás un negativo, cada negativo que sumes cuando alcances el máximo de cinco te sacarán de tu modulo y te llevarán a un módulo de conflictivos donde tu vida peligra. Los que están ahí son capaces de apuñalarte por un triste paquete de tabaco.

Por más que intentes hablar con los trabajadores sociales o los educadores no te harán caso, es más si no les caes en gracia permitirán que los del módulo en el que han destinado te den palizas hasta abrirte la cabeza.

¿Son seguras nuestras prisiones?, no, no lo son y me da pena ya no solo por mi chaval sino por el resto de muchachos que entran a una prisión. Entran con miedo y no es para menos. No puedes dormir. Te drogan hasta la saciedad para que no des problemas. La comida... tendrás suerte si te ponen algo que reconozcas como carne y lo peor de todo es que no te puedes quejar.

Los funcionarios te tratarán como viles perros, No vales nada para un funcionario de prisión. Juegan a ser Dios con la vida de las personas. Juegan con las Familias de los presos decidiendo si te dejan verlos o no.

En mi humilde opinión me gustaría que los jueces se personificasen en las prisiones para poder tener un conocimiento lo más amplio posible del interior, más allá de visitas a veces quizás protocolarias. Que visitasen los módulos de aislamiento.

Lo suyo sería conseguir que el sistema sea lo más humano posible y que, dada de alguna manera tienda al ideal resocializador de la pena que marca la Constitución Española. Como decía Concepción Arenal, *"decidnos cual es el sistema penitenciario de un pueblo y os diré cuál es su justicia"*.

CAPITULO 13

Viernes 24 de diciembre 2021

Hoy es Noche Buena, mi estado de ánimo está por los suelos. Normalmente para trabajar me suelo disfrazar un poco este día, me pongo un gorro de Papá Noel y suelo recibir a mis clientas con la mejor de mis sonrisas. Este año es distinto, me falta la chispa Navideña, me falta mi pequeño terremoto.

Ayer fui deprisa y corriendo al supermercado a comprar la cena para esta noche. Cenaremos en mi casa solas las tres, mi madre, mi hija y yo. No teneos muchas ganas porque falta Aaron. El próximo año cuando si podamos celebrarlo con él lo haremos por todo lo grande.

El abogado me ha llamado para felicitarme las fiestas y para informarme que ha llegado un documento nuevo sobre el caso de mi hijo. Me comenta que me lo va a pasar todo por WhatsApp y que cuando lo lea le avise para explicarme como vamos a proceder a continuación.

El documento reza:

JUZGADO DE 1ª INSTANCIA E INSTRUCCIÓN Nº2 DE MADRID

Procedimiento Abreviado (Diligencias previas)

Delito: Robo con violencia o intimidación

Denunciante: D/Dña. JUANJO

Investigado: AARON Y STEVEN

AUTO

EL/LA JUEZ/MAGISTRADO-JUEZ QUE LO DICTA

Lugar: Madrid

Fecha: 10 de diciembre de 2021

ANTECEDENTES DE HECHO

PRIMERO.- En el presente procedimiento abreviado, el Ministerio Fiscal ha solicitado la apertura del juicio oral presentando escrito de acusación contra AARON y STEVEN por los hechos relatados por el Ministerio Fiscal en su conclusión primera como ocurridos el día 4 de septiembre de 2021 y que aquí se dan por reproducidos, calificando los hechos como constitutivos de un delito de ROBO CON INTIMIDACIÓN con la utilización de instrumento peligroso, previsto y penado, previsto y penado en los arts. 237 y 242.1 y 3 del C.P en la redacción dada por la Lo 1/15 de 30 de marzo de 2015 y 652.2 del Código Penal, del que responderían los acusados en concepto de autores sin la concurrencia de circunstancias modificativas de la responsabilidad criminal. Solicitando se le imponga a cada uno de los acusados, la pena de 5 años de prisión, con la accesoria de inhabilitación especial para el ejercicio del sufragio pasivo durante el tiempo de la condena.

De conformidad con el art. 123 del C.P, interesa que se les impongan las costas procesales a los acusados.

En concepto de responsabilidad civil, interesa que los acusados, conjunta y solitariamente, indemnicen al representante legal del menor JUANJO en la cantidad de 230 euros, cantidad que deberá incrementarse con el interés legal del dinero en caso de demora procesal.

FUNDAMENTOS DE DERECHO

PRIMERO. - Dispone el artículo 783.1 de la Ley de Enjuiciamiento Criminal (LECr), que solicitada la apertura del juicio oral por el Ministerio Fiscal o la acusación particular del Juez debe acordarla, a salvo los supuestos de sobreseimiento, que no concurren en el presente caso, debiendo resolver al mismo tiempo sobre las medidas cautelares procedentes, tanto respecto de la persona del acusado, como de los bienes de las personas eventualmente responsables civiles.

SEGUNDO. - Dispone el artículo 589 de la Ley de Enjuiciamiento Criminal, la aplicación al Procedimiento abreviado, que desde que resulten indicios de criminalidad contra una persona, se mandará que preste fianza bastante para asegurar las responsabilidades pecuniarias que en definitiva puedan declararse procedentes, decretándose el embargo de sus bienes en cantidad suficiente para asegurar dichas responsabilidades, si no prestare la fianza exigida.

TERCERO. - No habiendo variado las circunstancias que determinaron en su momento la medida cautelar de PRISIÓN PROVISIONAL de ambos acusados procede ratificar la medida que viene acordada en las presentes actuaciones.

CUARTO. - En atención a la pena señalada al delito perseguido procede declarar órgano competente para conocimiento y enjuiciamiento de la causa al JUZGADO DE LO PENAL DE MADRID.

QUINTO. - Por último, debe acordarse en la presente resolución el traslado del/de los escrito/s de acusación al/a los acusado/os, habilitándole/s, en su caso, de la defensa y representación correspondiente (artículo 784.1 LECrim).

SEXTO. - En cuanto al emplazamiento al/a los investigados, se deberá estar a lo dispuesto en el artículo 784.1 de la Ley de Enjuiciamiento Criminal.

PARTE DISPOSITORIA

Se acuerda en la presente causa LA APERTURA DEL JUICIO ORAL y si tiene por formulada la acusación contra AARON y STEVEN por el delito de ROBO CON INTIMIDACIÓN con la utilización de instrumento peligroso.

Se ratifica la prisión provisional de AARON y STEVEN.

Requiérase A LOS ACUSADOS para que en el plazo de un día preste fianza en cantidad de 230 EUROS se deberán presentar de forma conjunta y solidaria ambos acusados para asegurar las responsabilidades pecuniarias que, en definitiva, pudieran imponérsele, en cualquiera de las clases señaladas en los artículos 591 y 783 de la LECrim, con el apercibimiento de que de no prestarla se embargarán bienes en cantidad suficiente para asegurar la suma señalada. Y con testimonio de este particular fórmese pieza separada, para lo cual, líbrense los oportunos exhortos.

Se declara ÓRGANO COMPETENTE para el conocimiento y fallo de la presente causa al JUZGADO DE LO PENAL DE MADRID.

Notifíquese esta resolución a las partes y al/a los acusado/s entregándole/s copia literal de los escritos de acusación, requiriéndole/s para que designe/n Abogado y Procurador, si no los hubieren nombrado en el plazo de TRES DÍAS, con el apercibimiento de serle nombrados del turno de oficio en su caso. Una vez designados entréguenseles las actuaciones originales o fotocopia de las misma, haciéndoles saber que deben formular escrito de *conformidad o disconformidad con la acusación en el plazo de DIEZ DIAS, proponiendo en su caso las pruebas de que intenten valerse.*

Tras la notificación de la presente resolución, procédase de conformidad con lo dispuesto en el artículo 784.1 de la Ley de Enjuiciamiento Criminal.

Si la/s parte/s acusada/s no presentare el escrito en el plazo señalado se entenderá que se opone a la acusación y seguirá su curso el procedimiento, sin perjuicio de la responsabilidad en que pueda incurrirse, como determina el Art 784 de la Ley de Enjuiciamiento Criminal.

Contra este auto no cabe recurso, excepto en lo relativo a la situación personal del acusado, en que cabe recurso de reforma ante este Juzgado en el plazo de TRES días.

Lo acuerda y firma S.S. Doy fe.

Aquí veo muchos artículos nuevos, mañana después de ir a ver a Aarón a prisión me pondré a leerlos detenidamente.

Junto con este auto viene otro documento. Lo abro y leo.

JUZGADO DE INSTRUCCIÓN Nº2 DE MADRID

DILIGENCIAS PREVIAS

El Fiscal, despachando el trámite previsto en el artículo 780.1 de la Ley de Enjuiciamiento Criminal, solicita la apertura del juicio oral ante el JUZGADO DE LO PENAL, formulando escrito de acusación contra Aarón y Steven, de acuerdo con las siguientes CONCLUSIONES PROVISIONALES.

PRIMERA.- Sobre las 1:15 horas del 4 de septiembre de 2021, los acusados Aarón y Steven, mayores de edad, sin antecedentes penales, privados de la libertad en la presente causa como detenidos el 23 de septiembre de 2021, actuando conjuntamente con el propósito de obtener un beneficio patrimonial a costa de lo ajeno, se bajaron del metro en la estación correspondiente de Madrid, persiguiendo al menor Juanjo, que les precedía y se había bajado en ese mismo instante, y tras saltar la valla que circunda la estación de metro, que previamente también había saltado el menor, le dieron alcance a la altura del centro Multitienda 24 horas de esa localidad, momento en el que Steven le estampó contra la pared poniendo el brazo en su garganta, y Aarón le puso en el estómago un instrumento punzante semejante a una navaja, diciéndole que "le diera el móvil o le apuñalaría", arrebatándole la cadena de oro que llevaba en el cuello y rompiéndole su sudadera y camiseta. La cadena de oro ha sido tasada pericialmente en doscientos treinta euros.

SEGUNDA. - Los hechos relatados en la conclusión primera son legalmente constitutivos de un delito de ROBO CON INTIMIDACIÓN con la utilización de instrumento peligroso, previsto y penado en los artículos 237 y242.1 y 3 del CP, en la redacción dada por la LO 1/15 de 30 de marzo de 2015, y 65.2 de CP.

TERCERA. - Los acusados son coautores a tenor del artículo 28 del Código Penal.

CUARTA. - No concurren circunstancias modificativas de la responsabilidad criminal.

QUINTA. - Procede imponer a cada uno de los acusados, la pena de 5 años de prisión, con la accesoria de inhabilitación especial para el ejercicio del derecho de sufragio pasivo durante el tiempo de la condena.

De conformidad con el artículo 123 del Código penal, procede igualmente la imposición de costas procesales a los acusados.

En concepto de responsabilidad civil, los acusados, conjunta y solidariamente, indemnizarán al representante legal del menor Juanjo, en la cantidad de 230 euros, cantidad que deberá de incrementarse con el interés legal del dinero en caso de demora procesal.

OTROSI DICE 1: Que, en la liquidación, en su caso, de la condena, se abone a cada uno de los acusados el tiempo pasado en prisión preventiva.

OTROSI DICE 2: Para el acto del juicio oral este Ministerio propone los siguientes medios de prueba, a fin de que el órgano de enjuiciamiento, y de acuerdo con el art. 785.1 de la LECrim., se admitan todos ellos para entender su pertinencia.

1) INTERROGATORIO DE LOS ACUSADOS.

2) TESTIFICAL, con examen de los siguientes testigos, cuya citación, de conformidad con el artículo 781.1.2 de la LECrim, deberá hacerse por medio de la oficina judicial.

- Del menor Juanjo, cuyos datos obran al folio 41 de las actuaciones, acompañado de su representante legal.

3) DOCUMENTAL. de los folios 1 a 90, y tasación pericial que obra en autos (folio 109), que deberá practicarse en las sesiones del juicio oral, por medio de la integra lectura de los mismos, salvo que la defensa de los acusados, por entenderse informada de su contenido, renuncie a ella expresamente, de lo cual se tomará oportuna nota en el acta y todo ello sin perjuicio de la obligación impuesta al Órgano judicial en el artículo 726 de la LECrim.

4) Más Documental consistente en la reproducción del CD que obra en el folio 112.

OTROSI DICE 3: Se solicita que confiera traslado a este Ministerio de copia del escrito que presente la defensa del acusado.

El Fiscal en Madrid a 30 de noviembre de 2021

Pues nada, esto quiere decir que ya se va a disponer de fecha final para el juicio oral donde quieren imponerle a mi hijo la pena máxima con un agravante. Dentro de poco también le anularán como persona.

Llamo al abogado.

- Buenas tardes Andrés ya lo leí todo. Cuéntame cómo vamos a proceder.

- Lo primero que vamos hacer es parar todo el procedimiento. No nos interesa que se juzgue ya a tu hijo y más cuando hay pruebas de su inocencia, pero necesitamos tiempo para conseguirlas todas. Una vez paremos el procedimiento tenemos que enviar un médico forense a tu hijo y que se le haga un estudio. El anterior abogado tendría que haber hecho ese procedimiento.

- ¿Un médico forense? ¿Para qué?

- Si demostramos que tu hijo está medicado no tendría que haber entrado en prisión porque necesitaría un tratamiento que ahí no se le está facilitando.

- Si, mi hijo está medicado y no está tomando su medicación ahí. Las trabajadoras sociales del centro penitenciario se niegan a cogerme los documentos médicos.

- Por eso te digo que se está cometiendo un delito contra la integridad de tu hijo. Lo siguiente es pagar la responsabilidad civil.

- ¿Pero si pago la responsabilidad civil se beneficia el otro preso?

- Si, pero a nosotros eso nos da igual. Lo importante es sacar a tu hijo de ahí.

- Ya, eso lo sé, pero no me parece bien que una persona que ha perjudicado a mi hijo se beneficie de algo nuestro después de lo que estamos pasando.

- Eso no importa, después se demostrará en el juicio quien pagó la responsabilidad civil, además yo voy a presentar justificante que viene a nombre de tu hijo.

- Vale.

- Junto con ese informe médico y la responsabilidad civil voy a demostrar que tu hijo no es un delincuente como dicen con lo cual en el peor de los casos la condena en caso que le declaren culpable será tan sólo de entre ocho meses o un año y cuatro meses, que al ser inferior a dos años no tendrá que cumplir y puesto que lleva casi cuatro meses ahí dentro estaría más que saldada.

- Perfecto. ¿Cuándo vas a presentar todo eso?

- En cuanto le vea el médico forense, a más tardar el día veintinueve porque ya vamos justos en tiempo y plazo para presentar el recurso.

- ¿Y con eso mi hijo va a salir?

- *Si.*

- *¿Al cien por cien?*

- *Al cien por cien no, pero al noventa y ocho por ciento sí. Tranquila que pronto vas a poder estar con tu hijo de nuevo.*

- *¿De verdad?*

- *Te lo garantizo.*

- *Ok perfecto, muchas gracias Andrés. Feliz Navidad y que tengas una bonita noche.*

- *Igualmente Anna.*

El abogado me ha garantizado que pronto tendré a mi hijo, también me lo garantizó el otro abogado. Estoy perdiendo las esperanzas, pero tengo que ser fuerte para que mi familia no me note mi agobio y mi tristeza.

CAPITULO 14

Sábado 25 de diciembre 2021

Es día de Navidad, no tengo que ir a trabajar, he pedido cita para ver al niño a las once de la mañana y poder pasar, aunque sean cuarenta minutos con él.

- *Hola mi vida.*

- *Hola mamá, Feliz Navidad.*

- *Vaya Navidad hijo. No te preocupes que pronto lo vamos a celebrar todo junto.*

- *Ya mamá, ayer en cuanto cené a las ocho me acosté. Para mí no son Navidades sin vosotras.*

- *Para nosotras tampoco lo es.*

- *¿Cuándo se va mi hermana para Asturias?*

- *El lunes ya sube para allí, deja que se marche. No está bien, le están dando ataques de ansiedad por toda la situación.*

- *Ya. Pues si es malo para vosotras imagínate como está siendo para mí.*

- *Para ti tiene que ser un horror. No puedo hacerme idea.*

- Nadie se hace idea de cómo es esto por dentro. Por fuera fijo que te lo pintan muy bonito y tal, pero nada es cierto.

- Estoy pensando en escribir un libro sobre esta pesadilla. Me parece todo tan injusto...

- Pues igual estaría bien que la gente supiese como es esto.

- Aquí los funcionarios lo pintan bonito cuando llegas a ver a un familiar. Te dicen que están bien y con todo lujo de detalles.

- Mamá es mentira. Nos dan sobras para comer, no tenemos mantas, no nos ponen la calefacción....

- ¿Eso no se puede hablar con los funcionarios para que solucionen algo? una cosa es estar preso y otra pasar calamidades aquí dentro.

- No hacen caso. Nos miran por encima del hombro y les falta escupirnos a la cara. No sabes lo mala gente que son.

- Vosotros como presos tenéis unos derechos y si tanto piden respeto que demuestren ellos respeto también.

- Pues no, aquí tienes que ir tras ellos como perritos falderos, llamarles de Don sino ten ponen negativos y te mandan a módulos conflictivos.

- ¿Y a ti porque te trajeron a este módulo? Aquí no son chavales normales, tienen pinta de problemáticos.

- Aquí en este módulo si son problemáticos. A la mínima te clavan un cuchillo y mueres. A mí me trajeron a este módulo porque por lo visto acumule puntos negativos.

- ¿Justos?

- No. Uno fue porque ahueque la mascarilla que se me había humedecido por el vaho. Otro porque me quedé dormido un día y no me dio tiempo a bajar a cenar. Otro porque jugando al baloncesto me hice daño en la rodilla y terminé en enfermería y no pude ir a clase. Los otros tres nadie sabe decirme porque están puestos.

- ¿Esto lo has hablado con la trabajadora social?

- Si, pero no me los va a quitar. me dice que le lleve informe médico de la rodilla.

- ¿Y cómo le llevas informes médicos si estás encarcelado? Además, lo tendrán ellos.

- Pues así son. Siempre intentan llevar la razón en todo y no te dejan debatir las cosas.

- Bueno no te preocupes que yo voy hablar con ella el lunes a ver que me cuenta.

- Vale. ¿Qué cenasteis anoche?

- Pues embutido y canapés de entrantes, unas gulas al ajillo con langostinos y después hice un redondo de carne.

- Jo, que rico. Ya no recuerdo cómo es la comida normal.

- No te preocupes que en cuanto salgas yo te voy hacer tu cena navideña a tí.

- Mama si ya creo que no voy a salir. Llevo mucho tiempo aquí metido y tendría que estar fuera. No tendrían que haberme metido.

- Lo se.

- Bueno ya nos están avisando que nos vayamos despidiendo. Cuídate mucho y cuida a la abuela y mi hermana.

- Cuídate mucho tu. Eres el que nos preocupa en estos momentos. Eso no es la calle.

- Te quiero mamá

- Te quiero mi vida.

Ya en casa me puse a revisar los artículos que leí ayer en el auto nuevo que me envió el abogado. Quería saber que significaban cada uno de ellos porque es muy bonito que te digan artículo tal del código penal pero no te describen los fundamentos. El primero que me encuentro es:

Artículo 237 del Código Penal

Hace referencia a la definición de robo, que se ejerce empleando fuerza en las cosas o con violencia e intimidación en las personas.

Vale, este una vez leído si lo entiendo, dan a entender que se ha empleado la fuerza para el robo de la cadena. Lo entendería más si mi hijo hubiese cometido el delito del que se le acusa.

Artículo 242.1 y 3 del Código Penal

Dice que el culpable de robo con violencia o intimidación en las personas será castigado con la pena de prisión de dos a cinco años, sin perjuicio de las personas que les pudiera corresponder por los actos de violencia física que realizase.

Este artículo nos indica claramente los años que se pueden imponer a cada uno de los supuestos acusados en el caso de corroborarse el robo.

Artículo 123 del Código Penal

Las costas procesales se entienden impuestas por la ley a los criminalmente responsables de todo delito. El artículo 123 del Código Penal español hace referencia a las costas judiciales que recaen en los responsables de un delito.

En este nos dice claramente que si salen culpables tendrán que abonar los gastos de abogados y procuradores independientemente que sean de oficio.

Artículo 783.1 de LECrim

Solicitada la apertura del juicio oral por el Ministerio Fiscal o la acusación particular, el Juez de Instrucción acordara, salvo que estimare que concurre el supuesto del número 2 del artículo 637 o que no existen indicios racionales de criminalidad contra el acusado, en cuyo caso acordará el sobreseimiento que corresponda conforme a los artículos 637 y 641.

Cuando el Juez de Instrucción decrete la apertura del juicio oral sólo a instancia del Ministerio Fiscal o de la acusación particular, el secretario judicial dará nuevo traslado a quien hubiere solicitado el sobreseimiento por plazo de tres días para que formule escrito de acusación, salvo que hubiere renunciado a ello.

Nos están indicando que al ser causa con preso el juicio oral se adelanta puesto que los presos en preventiva al no estar condenados no pueden permanecer más de determinado tiempo en prisión puesto que de lo contrario ya estarían cumpliendo condena por adelantado y sería contraproducente para la persona presa.

Artículo 589 de LECrim

Cuando el sumario resulte indicios de criminalidad contra una persona, se mandará por el Juez que preste fianza bastante para asegurar las responsabilidades pecuniarias que en definitiva puedan declararse procedentes, decretándose en el mismo auto el embargo de bienes suficientes para cubrir dichas responsabilidades si no prestare la fianza.

La cantidad de ésta se fijará en el mismo auto y no podrá bajar de la tercera parte más de todo el importe probable de las responsabilidades pecuniarias.

Si se cree que hay indicios suficientes como para inculpar a una persona se impone una cantidad de dinero para saldar los daños del perjudicado. Para ello se ha de tasar pericialmente el objeto para poder decretar su valor en dinero.

Artículo 784.1 de LECrim

Abierto el juicio oral, el secretario judicial emplazará al encausado, con entrega de copia de los escritos de acusación, para que en el plazo de tres días comparezca en la causa con Abogado que le defienda y Procurador que le represente. Si no ejercitase su derecho a designar Procurador o a solicitar uno de oficio, el secretario judicial interesará, en todo caso, su nombramiento. Cumpliendo ese trámite, el secretario judicial dará traslado de las actuaciones originales, o mediante fotocopia, a los designados como acusados y terceros responsables en los escritos de acusación, para que en plazo común de diez días presenten escrito de defensa frente a las acusaciones formuladas.

Si la defensa no presentare su escrito en el plazo señalado, se entenderá que se opone a las acusaciones y seguirá su curso el procedimiento, sin perjuicio de la responsabilidad en que pueda incurrirse de acuerdo con lo previsto en el titulo V del libro V de la Ley Orgánica del Poder Judicial.

Una vez precluido el trámite para presentar su escrito, la defensa sólo podrá proponer la prueba que aporte en el acto del juicio oral para su practica en el mismo, sin perjuicio de que, además, pueda interesar previamente que se libren las comunicaciones necesarias, siempre que lo haga con antelación suficiente respecto de la fecha señalada para el juicio, y de lo previsto en el párrafo segundo del apartado 1 del artículo 785. Todo ello se entiende sin perjuicio de que si los afectados consideran que se ha producido indefensión puedan aducirlo de acuerdo con lo previsto en el apartado 2 del artículo 786.

Una vez que se abre la causa para el juicio oral se tiene que informar a las partes perjudicadas junto con la copia de la acusación para que el abogado que tengas asignado o hayas contratado pueda presentar un escrito de defensa o alegar si ha modificado la situación del preso.

Artículo 591 de LECrim

La fianza podrá ser personal, pignorática o hipotecaria, o mediante caución que podrá constituirse en dinero efectivo, mediante aval solidario de duración indefinida y pagadero a primer requerimiento emitido por entidad de crédito o sociedad de garantía recíproca o por cualquier medio que, a juicio del Juez o Tribunal, garantice la inmediata disponibilidad, en su caso de la cantidad de que se trate.

La fianza en este caso es por el importe total de la tasación del objeto robado. En este caso equivale también a un atenuante para poder solicitar la libertad provisional del preso hasta demostrar su inocencia. Se piden mínimo dos atenuantes para poder salir en provisional hasta que salga el juicio. Si se logran esos atenuantes el juicio es prorrogado hasta que haya hueco en el juzgado puesto que al estar en libertad el preso ya no hay riesgo que se cumplan los plazos de la prisión preventiva.

Todas estas normas están muy bien si realmente eres culpable, pero cuando eres inocente y te ves involucrado en algo tan gordo y encima cumpliendo una prisión preventiva cuando no deberías estar cumpliéndola...

Menos aún, que no se entra en prisión a la primera si no hay alguna mano oculta manejando los hilos como parece que hay en esta ocasión.

En mi parecer aquí ocurren dos cosas. O bien el padre del denunciante tiene amistades en policía, fiscalía o algún sitio y le deben algún favor o son familiares de algún cargo público gordo porque para entrar en prisión tienes que tener algún antecedente penal no saldado y como bien dice el auto mi hijo no tiene ningún antecedente penal ni lo ha tenido. No debería haber entrado a prisión.

CAPITULO 15

Lunes 27 de diciembre 2021

Hoy me ha llamado Andrés nuestro abogado. Me ha informado que ya se ha personado en el Juzgado como abogado defensor de mi hijo Aarón. Se ha paralizado la apertura del Juicio oral, como me dijo, hay que ganar tiempo. También se ha personado nuestra procuradora.

Me dice que ahora tenemos que presentar documentación que acredite que mi hijo vive conmigo, he enviado por correo electrónico nuestros padrones municipales individuales y colectivos, libro de familia, DNI de todos los miembros de nuestra familia, factura telefónica para que comprueben la vivienda, matrícula de la autoescuela de mi hijo y sentencia de divorcio en la cual consta en la parte de convenio regulador que tanto mi hijo como su hermana están a mi cargo y viven conmigo. Todo ello demuestra que tiene un arraigo familiar. Ante cualquier duda también he aportado mi factura de telefónica en el cual consta el número de teléfono del restaurante donde iba a empezar a trabajar mi hijo el día que le detuvieron. Todo ello demostraría aparte del arraigo familiar que es un chico normal con una vida normal que no necesita meterse en esos problemas para obtener dinero. ¿Quién roba teniendo un trabajo

Después me ha pedido que abone la responsabilidad civil al número de cuenta que me ha enviado pero que no haga la transferencia hasta que él me indique. La responsabilidad civil son doscientos treinta Euros, se supone que es en lo que han tasado la cadena de oro. Lo que aún no me queda claro es si era una medalla, un cristo con una virgen o un escapulario porque en cada versión es una cosa distinta lo cual me hace pensar que esa supuesta cadena de oro no ha sido robada en ningún momento. Creo que para denunciar un robo deberían saber exactamente qué es lo que se ha sustraído realmente y no cambiar de objeto constantemente.

El abogado junto con esa responsabilidad civil ha presentado una propuesta de trabajo aparte hacia mi hijo para demostrar una vez más al juzgado que se han equivocado al juzgar tan rápido al crio.

Me pidió los informes médicos de mi hijo, necesitaba saber si mi hijo tenía algún tipo de trastorno o cualquier otra cosa que demuestre que no pudo haber cometido el delito. Le dije que sí, que tenía unos informes médicos que le podía facilitar y así lo hice.

Con todo ello ha redactado un buen recurso en el cual detalla todo al pie de la letra. Me lo ha enviado al correo electrónico. Al abrirlo me quedé fría, no era un simple folio con un corta y pega de los artículos de la constitución española o del código penal. Estaba bien redactado, pero claro, ya puede estarlo con lo que está costando el abogado....

Abro el archivo y leo:

JUZGADO DE INSTRUCCIÓN Nº2

DILIGENCIAS PREVIAS

AL JUZGADO

DÑA. MARIA LUISA, procurador de los tribunales y de DON AARÓN, según consta acreditado en el procedimiento al margen referenciado, ante el Juzgado comparezco y, como mejor proceda en Derecho, DIGO:

Que por medio del presente escrito vengo a solicitar LA LIBERTAD PROVISIONAL de D. Aarón, solicitud que fundamento en base a las siguientes:

ALEGACIONES

PRIMERA. - SOBRE EL TIEMPO TRANSCURRIDO EN PRISIÓN.

Mi representado se encuentra en situación de prisión provisional por esta causa desde el día veinticuatro de septiembre de 2021. (más de tres meses)

Aarón acudió de forma espontánea y voluntariamente a la sede policial a prestar declaración, y una vez allí fue detenido y puesto a disposición del juzgado donde se acordó la prisión provisional.

Por lo que se pone de manifiesto que en ningún momento ha existido la intención por parte de mi representado de eludir la acción de la justicia.

A mayor abundamiento, la investigación instructora ha mostrado que no hay indicios que evidencien la existencia de arma en la perpetración de los presuntos hechos investigados, ya que no ha sido referenciada ni se encontraba entre las pertenencias de mi representado en la exploración realizada en sede judicial (folio 84), incluso la propia víctima afirma que no vio ninguna navaja ("no llego a ver la navaja") y duda de su propia existencia ("no está seguro de que fuera una navaja").

El propio transcurso del tiempo es una variación de las circunstancias, así lo establece Tribunal Constitucional en su Sentencia 66/1997, de 7 de abril:

"Como hemos acentuado en diversas ocasiones (SSTC 128/1995, 37/1996, 62/1996), el paso del tiempo tiene una incidencia peculiar en el propio sustento de la medida de prisión provisional, por la influencia que en su justificación tienen los nuevos avatares procesales, el mayor conocimiento de las circunstancias concretas del caso investigado y la personales del imputado, y el cómputo de la privación provisional de la libertad para el de la hipotética pena futura. Esta incidencia obliga a posibilitar en todo momento el replanteamiento procesal de la situación personal del imputado y, por así expresarlo, a relativizar o circunscribir el efecto de la firmeza de las resoluciones judiciales al respecto con la integración del factor tiempo en el objeto del incidente".

Desde septiembre de 2021 la fuerza actuante ha tenido tiempo más que suficiente para obtener toda la información pertinente para la investigación, circunstancia que pone de manifiesto la inexistencia de riesgo de destrucción de evidencias que impida esclarecer los hechos en relación a mi representado tras casi cuatro meses de investigación y más teniendo en cuenta los escasos e irrelevantes datos contra mi mandante que obran en el presente procedimiento.

Por lo que no existe riesgo alguno de destrucción de pruebas teniendo en cuenta que se ha dictado auto de apertura de juicio oral, finalizando así la fase de instrucción.

SEGUNDA. - CIRCUNSTANCIAS PERSONALES.

Aarón tiene sólo diecinueve años, convive con su hermana de dieciocho y su madre, (documento 1), circunstancia que acreditaría la existencia del intenso arraigo de mi representado, por lo que no cabe pensar que exista un riesgo de fuga dadas las circunstancias actuales y la escasa edad de mi representado.

A mayor abundamiento cabe añadir el arraigo profesional, pues D. Aarón se hallaba seleccionado para empezar a trabajar en la empresa de REHABILITACIONES Y EDIFICACIONES SL, teniendo ya la oferta realizada y oportunidad que seguirá en el momento que sea puesto en libertad, según acreditamos documentalmente, mediante la aportación de la oferta de trabajo. (documento 2)

No debemos olvidar que mi mandante tiene tan solo diecinueve años, carece de antecedentes penales e incluso policiales, la entrada en prisión está suponiendo una ruptura con su modo de vida actual, teniendo un proyecto de vida alejado de cualquier actividad delictiva, en un ambiente socio-familiar totalmente adecuado y en el que se encuentra plenamente integrado, reinsertado y resocializado.

En conclusión, mi defendido, D. Aarón tiene razones de peso para no eludir la acción de la Justicia y comparecer cuantas veces sea llamado a presencia Judicial.

*TERCERA. - SOBRE LA EXCEPCIONALIDAD DE LA PRISIÓN
PROVISIONAL.*

*En cuanto a los requisitos que establece el artículo 502, 503 y 504 y
de la Ley de Enjuiciamiento Criminal, que regulan la prisión
provisional, no concurren en la persona de mi representado. Para la
adopción de la medida como bien fija el artículo 503.1 3º de la citada
Ley, se ha de perseguir alguno de los siguientes fines que se
enumeran a continuación:*

*"a) Asegurar la presencia del investigado o encausado en el proceso
cuando pueda inferirse racionalmente un riesgo de fuga":*

*Dicho requisito no concurre en la persona de Don Aarón carece de
antecedentes penales, tampoco constan reseñas policiales y todo ello,
porque es una persona que nunca ha tenido problemas con la justicia
y siempre ha sido un ciudadano ejemplar, con una vida asentada,
estructurada e integrada en la sociedad. Incluso actualmente tiene
oferta de trabajo. Por eso no es imaginable y cuanto menos real que
se pueda materializar ese riesgo de fuga en mi patrocinado.*

*Por todo ello, entiende esta representación que el riesgo de fuga es
impensable y cuanto menos probable. Establece la Jurisprudencia del
Tribunal Constitucional en la Sentencia del Tribunal Constitucional de
24 de marzo de 1987, en su fundamento de derecho segundo:*

*"Los órganos procesales han partido del carácter procesal, y no
sancionador, de la prisión provisional, y de las decisiones judiciales
relativas al mandamiento de la misma, en cuanto que dirigidas tan
sólo a la preparación y aseguramiento del buen fin de la causa
criminal. Sin embargo, el que la prisión provisional no sea una sanción
ni pueda utilizarse como tal, no significa que no suponga en sí misma
una restricción a la libertad, y que la decisión del Juez al respecto no
incida sobre el estatuto de libertad del inculpado. Poniendo en*

conexión la presunción de inocencia y la inviolabilidad de la libertad personal, nuestra jurisprudencia ha señalado que, al consistir la libertad provisional en una privación de libertad, debe regirse por el principio de excepcionalidad".

Prolongar la estancia de mi patrocinado en prisión repercutiría negativamente en su trayectoria para nada delictiva, ya que en la cárcel se van interiorizando los valores de la subcultura de esta, no favoreciendo para nada en el tratamiento de mi representado, máxime cuando no existe ninguna fundamentación lógica y consistente para mantenerlo en prisión. Además, el uso que va hacer de la libertad provisional es totalmente positivo comprometiéndose mi defendido a someterse a cualquier requisito que el juzgado estime conveniente.

"b) Evitar la ocultación, alteración o destrucción de las fuentes de prueba relevantes para el enjuiciamiento en los casos en que exista un peligro fundado y concreto".

En este caso por el estado en el que se encuentran las actuaciones es imposible hablar de destrucción de pruebas, toda vez, que las pruebas ya se encuentran en el depósito y a disposición judicial, siendo imposible por tanto acceder por parte de mi patrocinado a las fuentes de prueba.

No se puede olvidar que la prisión provisional es una medida cuyo carácter excepcional exige la máxima cautela en cuanto a su aplicación.

La prisión provisional no puede tener fines punitivos ni adoptarse con fines de impulso de la instrucción sumarial.

Así lo establece la Sentencia del Tribunal Constitucional de 7 de mayo de 2007: "desde la STC 128/1995, de 26 de Julio, este Tribunal viene declarando que la prisión provisional, por el contenido de privación de libertad que comporta, HA DE SER CONCEBIDA, TANTO EN SU ADOPCIÓN COMO EN SU MANTENIMIENTO, COMO UNA MEDIDA DE APLICACIÓN EXCEPCIONAL, SUBSIDIARIA, PROVISIONAL Y PROPORCIONADA A LOS FINES QUE CONSTITUCIONALMENTE LA JUSTIFICAN Y DELIMITAN (así más recientemente, SSTC 147/2000, de 29 de mayo, FJ 3 305/2000, de 11 de diciembre, FJ 3; 29/2001, de 29 de enero, FJ 3; y 98/2002, de 29 de abril, FJ 3). Y, como consecuencia de la excepcionalidad de la medida, hemos afirmado que rige el principio favor libertatis o in dubio pro libertae, formulaciones que, en definitiva, vienen a significar que la interpretación y la aplicación de las normas reguladoras de la prisión provisional deben hacerse con carácter restrictivo y a favor del derecho fundamental a la libertad, lo cual ha de conducir a la elección y aplicación, en caso de duda, de la norma menos restrictiva de la libertad (SSTC 88/1988, de 9 de mayo, FJ 1; 98/2002, de 29 de abril, FJ 3; 81/2004, de 5 de mayo, FJ 5)".

La STEDH en caso Vlieeland Foddy y Marcelo Lanni contra España de 16 de febrero de 2016 (Demandas nº 534651 y 9634/12) en la que, de entrada, el TEDH recuerda que "se menosprecia la presunción de inocencia si una decisión judicial que afecta a un procesado refleja la sensación de que éste es culpable, cuando en realidad su culpabilidad no ha sido previamente establecida legalmente (al/en c. Reino Unido (GC) nº 25424/09, apdo. 93, CEDH 2013)"

Y la Directiva 2016/343 del Parlamento Europeo y del Consejo que, en su artículo 2 señala que el derecho a la presunción de inocencia es de aplicación:

"A las personas físicas que sean sospechosas o acusadas en procesos penales. Es aplicable a todas las fases del proceso penal, desde el momento en que una persona es sospechosa o acusada de haber cometido una infracción penal, o una presunta infracción penal, hasta

que adquiera firmeza la resolución final sobre si la persona ha cometido o no la infracción "completado por el artículo 3"." Los Estados garantizarán que se presume la inocencia de los sospechosos y acusados hasta que se prueba su culpabilidad con arreglo a la Ley", y lo establecido en el artículo 6: "Los Estados miembros garantizarán que cualquier duda sobre la culpabilidad beneficie siempre al sospechoso o acusado, incluso cuando el órgano jurisdiccional valore si el acusado debe ser absuelto".

Por lo tanto establece que en el proceso penal, es imprescindible la exigencia de certeza (estándar "más allá de cualquier duda razonable") en la valoración de la concurrencia no sólo del supuesto fáctico sino, asimismo, del elemento subjetivo del injusto, lo que ha ponderarse no sólo en el momento de dictar sentencia, sino, asimismo, a lo largo de todo el procedimiento de investigación, especialmente, a la hora de resolverse sobre la necesidad proporcionalidad de la adopción o mantenimiento de una medida cautelar de carácter personal tan excepcional como lo es la prisión provisional, por lo que esta, en todo caso, deberá sustentarse en indicios sólidos, plurales y racionales (más allá de cualquier duda razonable) de la existencia del hecho, de la participación en él del encausado de forma consciente y preordenada a un fin ilegítimo y de la ineludible necesidad en la adopción de dicha medida, o lo que es igual: "El acusado no podrá ser detenido en régimen de prisión preventiva, salvo por motivos excepcionales. La carga de culpabilidad recae en el Estado y cualquier duda será favorable al acusado".

CUARTA. - ALTERNATIVAS A LA PRISIÓN PROVISIONAL

La Ley de Enjuiciamiento criminal Prevé en sus artículos 529 y 530 y, en cualquier caso, menos lesivas que esta, la obligación de comparecer apud acta con la frecuencia que el Juzgado estime oportuno, la obligación de constituir fianza para eludir la prisión, pulsera de control telemático y retirada de pasaporte.

La prisión provisional debe tener, por su limitación al derecho a la libertad recogido en el artículo 17 de la Constitución Española y por respeto al derecho a la presunción de inocencia del artículo 24 de la misma norma, un carácter absolutamente excepcional y para aquellos casos en los que, efectivamente, la imposición de una medida cautelar menos gravosa va a ser suficiente para garantizar:

1) la evitación del riesgo de fuga

2) La evitación de destrucción u ocultación de pruebas

3) La evitación de la reiteración delictiva o que se pueda atentar nuevamente contra bienes jurídicos de la víctima.

Como ya ha quedado expuesto en líneas anteriores no concurren en la persona de Aarón ninguna de dichas circunstancias, ya que no se puede hablar de riesgo de fuga y mucho menos de evitación o destrucción de pruebas. Y, por ende, y la carencia de reseñas policiales.

Entiende esta representación que nos encontramos ante la medida más gravosa para el derecho a la libertad y el derecho de presunción de Inocencia. La naturaleza de la prisión preventiva debe ser absolutamente subsidiaria. En otras palabras, SOLO CABE CUANDO OTRAS MEDIDAS MENOS GRAVOSAS SE MUESTRAN INEFICACES para la consecución de sus fines.

En conclusión, queda claro que, desde el primer escalafón del ordenamiento jurídico español, la prisión provisional se erige como la última ratio, la última de las medidas a adoptar, habida cuenta lo gravosa y perjudicial que es para los investigados o imputados.

De todo lo expuesto en este escrito cabe concluir que no existen elementos suficientes para entender que mi representado vaya a sustraerse a la acción de la justicia, pudiendo acordar la puesta en libertad de mi representado con la adopción de las medidas que considere necesarias para asegurar su comparecencia cuando sea requerido, disponiendo de un amplio abanico de medidas menos gravosas como comparecencias periódicas en sede policial o judicial e incluso la retirada del pasaporte.

QUINTA, - SUSPENSIÓN DE LA EVENTUAL CONDENA

Mi representado ha venido teniendo problemas de adicción a las drogas desde el año 2018, tras entrar en una depresión por diversos motivos familiares, tal como lo corrobora el informe pericial de deshabituación. (documento 3)

Por lo que dadas las circunstancias en el caso de una eventual condena estaríamos ante el supuesto de la facultad contemplada en el propio artículo 80 del Código penal, en concreto el art. 80.5 del referido cuerpo legal, relativo a la suspensión de la ejecución del cumplimiento de la pena privativa de libertad:

80.5 CP: "Aun cuando no concurran las condiciones 1ª y 2ª previstas en el apartado 2 de este artículo, el juez o tribunal podrá acordar la suspensión de la ejecución de las penas privativas de la libertad no superiores a cinco años de los penados que hubieren cometido el hecho delictivo a causa de su dependencia de las sustancias señaladas en el numeral 2º del artículo 20, siempre que se certifique suficientemente, por centro o servicio público o privado debidamente acreditado u homologado, que el condenado se encuentra deshabituado o sometido a tratamiento para tal fin en el momento de decidir sobre a suspensión.

El juez o tribunal podrá ordenar la realización de las comprobaciones necesarias para verificar el cumplimiento de los anteriores requisitos.

En el caso de que el condenado se halle sometido a tratamiento de deshabituación, también se condicionará la suspensión de la ejecución de la pena a que no abandone el tratamiento hasta su finalización. No se entenderán abandono las recaídas en el tratamiento si estas no evidencian un abandono definitivo del tratamiento de deshabituación".

Conforme a STS 112/2010, de 15 de enero, "el consumo de sustancias estupefacientes debe ser el agente provocador del hecho delictivo, aunque no afecte a la imputabilidad del reo, por lo que para la aplicación del beneficio de la suspensión especial que permite el art. 80.5 CP no se requiere la apreciación de ninguna circunstancia atenuante, basta el reconocimiento de la condición de adicción y por tanto un consumo habitual de las sustancias señaladas en el art. 20.2 CP"

Igualmente, en la STC 110/2003, de 16 de junio se indicaba cual era la finalidad de esta modalidad de suspensión, "propiciar que quienes han cometido un delito no grave por motivo de su adicción a las drogas, reciban un tratamiento que les permita emanciparse a un ingreso en prisión que, lejos de favorecer su rehabilitación, pudiera resultar contraproducente para ella".

Se aporta como documento 3 informe pericial de deshabituación de D. Aarón, realizado en una clínica privada.

Por lo que teniendo en consideración la previsible suspensión de una eventual condena, cabe entender que no tendría sentido mantener la privación de libertad de mi representado, al no estar cumpliendo los fines constitucionalmente legítimos y congruentes con la naturaleza de la medida previstos en el art. 503.3 LECrim.

Y así lo entiende el Tribunal constitucional en su STC pleno de 17 de febrero de 2000 (EDJ 2000/817): "La medida de prisión provisional debe responder a los fines constitucionalmente legítimos de la misma así debe poder deducirse de la motivación de la resolución que acuerda, aunque en un primer momento estos fines pueden justificarse atendiendo a criterios objetivos como la gravedad de la pena o el tipo de delito".

Por lo que al estar ante la medida cautelar más gravosa, restrictiva de derechos fundamentales, la motivación debe tener una justificación y perseguir un fin concreto y fundado, no sirviendo al mero riesgo abstracto, y así lo establece el Tribunal Constitucional en la Sentencia del 11 de febrero de 2008: "en ningún caso puede perseguirse la prisión provisional con fines punitivos o de anticipación de la pena, o fines de impulso de la instrucción sumarial".

Por estos motivos, esta representación entiende que no conceder la libertad podría poner en peligro o dificultar seriamente la reinserción situándose en una situación de fragilidad y vulnerabilidad nada recomendable para su tratamiento, pudiendo aplicarse otras medidas menos gravosas que permitan el cumplimiento de sus responsabilidades sin que ello le cause ruptura en su vida.

A mayor abundamiento teniendo en consideración que en el momento de los hechos mi representado ya padecía una grave adicción a las drogas, como así consta en el informe, cabe entender que concurrirán la aplicación de la circunstancia atenuante prevista en el art: 21. 2º CP: "La de actuar el culpable a causa de su grave adicción a sustancias mencionadas en el número 2º. del artículo anterior".

Asimismo, mi representado ha procedido al pago de la responsabilidad civil, como se acredita mediante el documento 4 *(recibo del pago de la responsabilidad civil), por lo que de igual manera será de aplicación el art. 21 5ª CP: "La de haber procedido el culpable a reparar el daño ocasionado a la víctima, o disminuir sus efectos, en cualquier momento del procedimiento y con anterioridad a la celebración del acto del juicio oral".*

Por lo que concurriendo dos circunstancias atenuantes de la responsabilidad y a tenor de lo dispuesto del art 66. 2ª CP "Cuando concurran dos o más circunstancias atenuantes, o una o varias muy cualificadas, y no concurra agravante alguna, aplicarán la pena inferior en uno o dos grados a la establecida por la ley, atendidos el número y la entidad de dichas circunstancias atenuantes".

Por lo tanto, en el caso de una eventual condena, en ningún momento se podrá imponer una pena superior a dos años, circunstancia que pone de manifiesto la inexistencia de riesgo de fuga y más teniendo en cuenta la situación personal de mi representado y considerando la posible suspensión de la condena.

En su virtud, SOLICITO AL JUZGADO: que tenga por presentado en tiempo y forma este escrito sirviéndose admitirlo a trámite, teniendo por SOLICITADA LA LIBERTAD PROVISIONAL DE D AARÓN

1. Sin fianza.

2. Con fianza.

3. Pulsera de control telemático.

4. Retirada de pasaporte.

5. Comparecencia apud acta.

Y con la adopción de medidas que se consideren necesarias, se sirva admitirlo y acuerde de conformidad con lo interesado.

Por ser Justicia que pido en Madrid a 29 de diciembre de 2021.

CAPITULO 16

Martes 28 de diciembre de 2021

Vaya escrito va a presentar mañana el abogado. Con ese texto dejo yo libre a media prisión. Tras leerlo le devuelvo la llamada.

- *Hola Andrés, ya leí el escrito.*

- *Buenos días Laura. Te lo he mandado para que veas como se hace un recurso de petición de libertad y no el copia y pega que envió el otro abogado.*

- *Si, tu escrito detalla todo al detalle. ¿Crees que con ese escrito me devolverán a mi hijo?*

- *No te puedo asegurar que, al cien por cien, pero sí te aseguro al noventa y ocho por ciento que le vas a tener en casa en poco tiempo.*

- *¿Y de cuánto tiempo hablamos?*

- *Presentándolo mañana calcula entre veinte o treinta días.*

- *¿Estamos en plazo?*

- *Si. Por ello no te preocupes.*

- *Ya fui al Juzgado para preguntar por el número de cuenta donde tienes que realizar el ingreso de la responsabilidad civil. Es muy importante que hagas el pago hoy mismo para poder presentar mañana sin falta el recurso y que tengas a tu hijo cuando antes contigo.*

- Esta misma tarde hago la transferencia. Quiero que quede reflejada en la cuenta con recibo imprimible para evitar posibles confusiones.

- También quiero comentarte que traigo un enfado terrible con el juzgado de tu localidad.

- ¿Por qué?

- El Juez que metió a tu hijo en prisión está de baja por paternidad.

- ¿Y eso nos afecta a nosotros?

- Si. No ha designado juez de oficio para solventar los trámites necesarios para que nos concedan la libertad de tu hijo.

- No va en serio esto ¿Verdad?

- Si, muy en serio, por eso he terminado discutiendo con las secretarias del juzgado. Tu hijo está preso sin tener que estarlo. Le están haciendo cumplir una condena que aún no ha sido impuesta y es totalmente contraproducente respecto a tu hijo.

- Pero... tiene que haber alguna ley que le conceda la libertad a mi hijo en estos casos.

- No. No la hay.

- ¿Entonces cómo vamos a conseguir su libertad si el juez está de baja?

- Eso es lo que fui a reclamar hoy, a nosotros nos da igual que juez se haga cargo de la resolución pero que adjudiquen uno ya. Tu hijo lleva dentro casi cuatro meses. Eso ya no es una preventiva ya es un cumplimiento de condena sin estar condenado aún.

- *Esto que estamos pasando es horrible Andrés.*

- *Lo se. Tu hijo no tenía que haber entrado. Estoy seguro que está dentro porque ha habido influencias por la parte denunciante. Un chico de esa edad sin antecedentes penales no entra en prisión así por las buenas.*

- *Yo también creo que hay alguien metiendo mano. No me atrevía a decirlo en voz alta por si me tachaban de loca, pero tú mismo me estas confirmando que esto son todo circunstancias muy extrañas.*

- *Si, todo es muy extraño, además si tan seguro está el muchacho que había una navaja... ¿Dónde está el atestado policial que indique que se ha buscado esa arma?*

- *En ningún sitio.*

- *Exactamente, no existe ese auto policial. Al igual que al no estar ya el procedimiento en vías administrativas tampoco hay motivos suficientes para retener a tu hijo ahí dentro. Ya no se pueden destruir pruebas porque la fase de instrucción ha terminado.*

- *¿Que pruebas íbamos a destruir si no las ha habido nunca?*

- *Eso es. Ahora relájate y piensa que ya pronto vas a tener al niño contigo.*

- *Eso espero Andrés.*

- *Ya verás que a más tardar en treinta días está contigo.*

- *Ojalá, muchas gracias por todo.*

- *Estamos en contacto.*

Desde luego todo esto es increíble. Hay tanto despropósito.... No comprendo como con tantas pruebas a favor de mi hijo esté preso. Ya comienza la cuenta atrás, desde mañana me quedarán treinta días máximos para poder despertar de esta pesadilla de una vez por todas.

CAPITULO 17

Martes 11 de enero 2022

He hablado con Andrés, el abogado que cogimos tras despedir a Enrique.

Me llamó tras salir del Juzgado, había ido a reclamar el recurso de libertad provisional presentado en nombre de mi hijo. Estaba enfadadísimo, apenas le entendía por la exaltación que tenía.

- *Buenos días Anna.*

- *Buenos días Andrés. Cuéntame que novedades hay.*

- *Vengo enfadadísimo del Juzgado. Me dijeron que no querían leer el recurso de libertad provisional de tu hijo porque hace poco se presentó otro.*

- *Bueno hace poco no se presentó ninguno ya hace varios meses, además para eso están en el Juzgado para coger documentos y leer los que vosotros los abogados los lleváis.*

- *Eso es. Bueno, la cosa aquí es que no saben quién va a llevar el caso de tu hijo. Como bien te dije anteriormente el Juez que le metió en prisión preventiva está de baja por paternidad y como ha sido Navidad los del Juzgado están cogiendo vacaciones.*

- Bueno, normal que cojan vacaciones, pero tendrá que haber algún suplente para que lleve el caso de mi hijo.

- Eso es lo que les dije. Por eso me enfadé con las secretarias que me recibieron. Ninguna sabía nada y yo no me iba a ir de allí sin saber cómo está el recurso puesto que ya hace días lo he presentado y se va a cumplir el plazo de resolución.

- ¿y que dijeron al final?

- El recurso ya lo van a resolver la semana que viene. Lo que no saben si lo hará el Juez del cuatro, el del tres o el del uno. Eso a nosotros nos da igual pero que lo resuelvan y que lo lean porque no pueden seguir reteniendo a tu hijo más tiempo ahí dentro.

- Me parece perfecto. ¿El recurso si sale favorable para nosotros es automático para el niño?

- Si nos aprueban el recurso por ejemplo hoy, hoy mismo lo tendrías en casa. Por eso me he enfadado, porque tu hijo va hacer cuatro meses en prisión cuando ni siquiera tenía que haber entrado. No tiene delitos penales. No debería estar dentro. Además, se ha pagado la responsabilidad civil, se ha presentado un informe médico, se ha demostrado que tiene su arraigo familiar contigo, no existe riesgo de fuga. Al tenerle ahí dentro le están destrozando la vida a un crío de diecinueve años tan solo por el capricho de un menor y sus padres para sacar más dinero.

- Si, la verdad que todo esto no solo le va a dañar a él. Nos está dañando a toda la familia.

- De todas formas, no me he quedado tranquilo al hablar con las secretarias y he llamado al Fiscal que le llevó el caso el día de ingreso a prisión para que revise él nuestro recurso. Quiero que el fiscal entienda que la pena máxima que le puede caer a tu hijo son ocho *meses y ya va hacer cuatro. No puede cumplir una condena sin estar condenado, va en contra de la ley y lo que se está haciendo con tu hijo es una injusticia.*

- Muchas gracias por todo Andrés, no sabes la alegría que me das con esta noticia.

- Recuerda que el juicio puede salir en cualquier momento, pero nos interesa que tu hijo salga antes del juicio. No tiene que estar ahí.

- Si, lo que si me gustaría que mi hijo saliese absuelto porque el no hizo nada. Su error fue coincidir con ese muchacho en el metro.

- Vamos a luchar para defender la inocencia de tu hijo, pero eso no lo podemos luchar hasta el día del juicio. Este puede salir ahora o en tres años, primero hay que sacar al niño de ahí porque no va a cumplir condena sin estar condenado aún.

- A ver si conseguimos que le saquen pronto, la situación se nos está yendo ya de las manos. Mi hija sufre ataques de ansiedad desde que él está ahí dentro, yo estoy con depresiones. De verdad que esto es un infierno para todos. No quiero ni imaginarme como está el ahí dentro.

- Tranquila Anna que pronto le vas a tener en casa. Ya no queda nada.

- Mil gracias Andrés, con lo que sea me vuelves a llamar.

- Claro, eso está hecho. Buen día.

- Buen día.

Por fin después de casi cuatro meses obtengo una noticia positiva. Este hombre parece que se mueve más que el anterior abogado. Tego que llamar a mi exsuegra y a mi hija para contarles, no siempre voy a llamar dando malas noticias.

- *Hola princesa, ¿Cómo te encuentras?*

- *Bueno estoy algo mejor, pero tengo mocos y me sigue molestando la garganta.*

- *Normal hija, lo que no entiendo es como has cogido el COVID.*

- *Ni idea mama, no hice nada extraño ni salí. No entiendo como lo he cogido.*

- *¿Tienes fiebre?*

- *No. ¿Me llamas para ver cómo estoy? te acabas de ir de casa hace veinte minutos.*

- *No, te llamo para darte una noticia.*

- *A ver, verás...*

- *He hablado con el abogado.*

- *¿y que te ha dicho?*

- *Pues que la próxima semana ya nos dicen como salió el recurso, lo más seguro que tengamos que ir a buscarle porque le dejen libre.*

- *Por fin una noticia buena.*

- *Eso ismo he dicho yo.*

- *¿Se lo dijiste a la abuela?*

- *No, tú eres la primera a la que se lo digo.*

- *Jo, me siento importante.*

- *Anda que tonta.*

- *Llama a la abuela para contárselo que le va a dar alegría.*

- *Si luego la llamo.*

- *De todas formas, si te llama tu hermano no le digas nada. No vaya a ser que en vez de una semana se alargue y luego nos recrimine que le dimos una fecha.*

- *Si, estoy de acuerdo, además él se obsesiona con las cosas mucho.*

- *Si bastante la verdad. Bueno voy a seguir trabajando. Te quiero.*

- *Yo también.*

Vaya tengo liada en casa. Tengo que hacer mudanza con mi hija que está mala con COVID. Todo el día con mascarilla en casa, apenas nos podemos ver y a mí me gusta darle abrazos. Los necesito, desde que mi hijo entró a prisión no termino de centrarme. Cuando salga mi hijo tendremos que cambiar muchas cosas. Voy a llamar a mi exsuegra para contarle las noticias del abogado.

- *Hola mi niña como estás.*

- *Bien, aquí estamos Lucía, ¿Cómo estáis vosotros?*

- *Bien, aquí sin novedad. ¿Qué pasó?*

- *Bueno pues te llamo para contarte que hay noticias del abogado.*

- *¿Que pasó ahora? ¿Es malo?*

- *No, yo creo que es la primera vez que voy a dar buenas noticias. Me dijo que posiblemente la semana que viene ya salga la resolución del recurso y que por fin nos lo dejen libre.*

- *Gracias a Dios, una buena noticia por fin.*

- *Yo creo que eso es buena noticia. Podría ser mejor, pero es la primera vez que estoy viendo la luz a final del túnel.*

- *Si, eso es buena noticia, ya era hora, creo que si esto era una lección para el chiquillo se han pasado con la lección. No ha matado a nadie.*

- *Bueno, seamos sinceras Lucia, en España la justicia es un asco total. Un asesino fijo que no entra a prisión, pero ahora roba tu una barra de pan para comer y verás donde acabas.*

- *Ya, eso sí es verdad.*

- *Estoy pensando que no voy a pagar al abogado hasta que mi hijo no esté en casa. Yo quiero garantías y por ahora sólo son palabras.*

- *Me parece bien. Entonces no te hago el ingreso hasta la próxima semana. ¿Hacen falta más documentos a aportar?*

- *No, por ahora está todo. Falta que salga la resolución del recurso. Ya quiero abrazarle.*

- *Si, esto ya es un sin vivir.*

- *¿Tu cómo te encuentras? ¿La operación va bien?*

- *Sí, está todo controlado, voy cada semana a revisión y me hacen también una PCR, ya sabes que hay mucho infectado en estos momentos.*

- *Yo por suerte no lo cogí aún, pero tú tienes que cuidarte y tener precaución.*

- *¿Estás trabajando?*

- *Si, estoy en el trabajo, pero en estos momentos no tengo a nadie.*

- *Bueno te dejo que sigas no te vayan a reñir. Me avisas con lo que sea.*

- *Claro, tranquila. Un beso para todos.*

- *Un beso mi niña.*

No me suelo llevar bien con mi exsuegra, chocamos mucho porque tenemos formas de pensar muy distintas. A mi parecer es una persona dominante, que siempre lleva la razón, con carácter. Yo soy cabezota, y me gusta demostrar que la gente se equivoca. A pesar del carácter de Lucía es una buena persona. Muchas veces me quejo por gusto y por chinchar un rato, pero no puedo negar que es buena gente y aunque ya no soy parte de la familia sé que se desvive por sus nietos que son el único vínculo que nos une en estos momentos.

He escrito al padre de los niños para informarle de cómo van las cosas con su hijo. Él ahora está en Costa Rica viviendo, se buscó una novia de allí y se marchó. Esperemos que esta chica le dure, no le hemos durado ninguna nunca. De todas formas, el poco ha preguntado por su hijo en estos meses. La última vez estaban enfadados, chocan mucho porque ambos son muy testarudos y ambos quieren llevar la razón, les diferencia un punto muy valioso para mí, mi hijo tiene un corazón enorme, tiene en alta estima a su familia y siempre quiere ayudar al resto, el problema que siempre se equivoca cuando elige las amistades. A veces pienso que tiene un imán o que lleva un cartel en la frente que dice "A mí todos los problemas, por favor".

Inés, la expareja de mi exmarido no para de entrometerse. Esa mujer cada vez que abre la boca sube el pan. Ayer cuando hablé con Aarón me dijo que Inés le había dicho que el abogado no había hecho su trabajo y que estaba de vacaciones fuera de Madrid. Al contarme eso decidí escribirle, mi sorpresa es que Inés mentía de nuevo. El abogado no se había ido de vacaciones y sí estaba haciendo su trabajo. Nuevamente mis sospechas de que esta mujer quería colgarse todos los méritos sobre el tema de mi hijo se confirmaban. Esa mujer no es trigo limpio. Mi hijo se va a llevar un buen chasco con ella cuando se dé cuenta de todo.

CAPITULO 18

Miércoles 12 de enero 2021

Los días se me están haciendo eternos, no veo el momento de tener a mi hijo conmigo de nuevo. La familia denunciante no sabe cómo nos ha roto con tantas calumnias, porque eso es lo que ha hecho. Mentir y mentir. A veces por la cabeza se me pasa hacerles lo mismo que ellos nos han hecho a nosotros, poner una denuncia falsa contra un chaval, que se lo quiten por meses, que les quiten lo que más quieren porque lo que más se quiere en este mundo es un hijo.

El abogado me ha asegurado que la próxima semana ya va a quedar libre, con el recurso que se presentó el día veintinueve de diciembre no pueden mantenerle ahí dentro más tiempo. No creo nada de lo que me dice y menos viniendo de quien viene.

Este abogado lo impuso la expareja de mi exmarido, Inés. Ella cree que todo lo sabe y todo lo hace bien. Yo discutí con mi hijo, le dije que ese abogado no me gustaba, pero a él y a su hermana estaban convencidos de que era el mejor abogado del mundo. Inés les vendió la moto, les hizo creer que yo era tonta que no me enteraba de las cosas y que a mí sólo la gente me estafaba porque me veían vulnerable. Queda sólo una semana para verificar que yo tenía razón. Ojalá me equivoque y Andrés lo saque de ahí dentro. Mi hija y yo estuvimos más de una semana sin hablarnos por culpa de esta mujer. Ahora hace que mi hijo la llame y le mete cosas extrañas en la cabeza, lo último fue que el abogado no estaba trabajando porque estaba de vacaciones fuera de España, eso fue el lunes. Cuando mi hijo me lo contó decidí llamar yo a Andrés para verificar esa información, Andrés me respondió a la primera y me dijo que estaba en el juzgado con el tema de mi hijo. Una mentira que puedo destapar a mi hijo sobre esa mujer.

El abogado me ha enviado un escrito que dice:

JUZGADO DE INSTRUCCIÓN Nº2

DILIGENCIAS PREVIAS

AL JUZGADO

DÑA. MARIA LUISA, procurador de los tribunales y de DON AARON, según consta acreditado en el procedimiento al margen referenciado, ante el Juzgado comparezco y, como mejor proceda en Derecho

DIGO

UNICO. - Que por medio del presente escrito vengo a solicitar que se realice analítica capilar de manera urgente a mi defendido DON AARÓN, a efectos de determinar su adicción a estupefacientes, tomando para ello muestra de cabello por el Médico Forense y remitiendo la misma para su análisis al instituto Nacional de Toxicología.

Siendo conveniente realizar la analítica capilar lo antes posible ya que han transcurrido 4 meses desde la comisión del hecho delictivo, con el fin de realizar la prueba dentro del periodo de detección de la misma.

Llamo a Andrés para preguntar de que se trata:

- *Buenas tardes Andrés. ¿Para qué es esta prueba si ya se le hizo el informe?*

- *Buenas tardes Anna. Es para acreditar su drogodependencia.*

- *Pero ya está el informe.*

- *Da igual, cuanto más le hagan mejor.*

- *Bueno yo creo que lo que importa es que le saques y no tanta prueba. ¿Se sabe algo nuevo?*

- *Nada aún, es pronto para saber.*

- *Se me está haciendo eterno y tú me dijiste que en un mes le tenía fuera.*

- *Y así va a ser.*

- *La semana que viene ya hace un mes.*

- *Aguanta que ya queda una semana.*

- *¿Seguro?*

- *Si, al noventa y ocho por ciento*

- *Ok*

Que poca confianza y seguridad me da este hombre. Ya no sé qué pensar el asegura que le saca, pero mi hijo lleva cuatro meses ahí dentro.

Llamo a la trabajadora social para ver si me dejan ver a mi hijo cualquier día fuera de horario, pero no lo coge. Sigo insistiendo.

Son las dos y cuarto de la tarde cuando consigo hablar con la trabajadora social del centro, pero no es la que lleva a mi hijo.

- Buenas tardes ¿hablo con Eva?

- Buenas tardes, no, Eva está de vacaciones, soy la persona que lleva a sus presos.

- Soy la madre de Aarón era para ver si podían darme una cita fuera de hora para ver a mi hijo, por motivos de trabajo y puesto que le habéis cambiado al módulo conflictivo no puedo ir en el horario estipulado y llevo tres semanas sin poder verle.

- ¿Y llama por eso? mire señora aquí solo atendemos cosas urgentes, si usted no puede venir a ver a su hijo no es nuestro problema y no le voy a dar una cita fuera de horario.

- ¿Perdone? Eva me pone las citas de forma que pueda verle.

- Pues cuando vuelva Eva que se las vuelva a poner en esa franja horaria que usted exige. Yo no lo voy hacer.

- Mire, la estoy hablando con educación no me parece correcto el trato que usted me está dando.

- Y yo la estoy diciendo que no llame a trabajadoras sociales para estas tonterías.

- Perdone ¿Me dice su nombre?

- No le voy a dar mi nombre.

- Bueno, pero quiero poner una queja por el trato nefasto que estoy recibiendo por su parte.

- El trato que le doy a todo el mundo, que tenga un buen día.

La muy desagradable me ha colgado el teléfono, estoy segura que esta mujer no debería estar atendiendo a personas, ese trato que da es totalmente deplorable. Igualmente voy a poner una queja, lo mínimo que tiene que hacer es identificarse.

CAPITULO 19

Martes 18 de enero 2022

El tiempo ha pasado. Ha llegado el momento de saber cuál ha sido la respuesta del juzgado ante nuestro recurso. Hemos cumplido plazos y presentado pruebas más que suficientes como para que por fin me entreguen a mi hijo.

No he tenido noticias de Aarón en varios días y mis nervios están a flor de piel. Empiezo a preocuparme por el módulo en el que está. Me contó que la semana pasada en el módulo un grupo de marroquíes cogieron a un chaval, le acusaron de haberles quitado un mini teléfono móvil. Si, en las prisiones los familiares suelen introducir aparatos tecnológicos escondidos en suelas de zapatillas, dobladillos de pantalones, mantas...

Los marroquíes cogieron del cuello al muchacho delante del funcionario que estaba vigilando, le introdujeron en la celda, le hicieron bajarse los pantalones y uno de los marroquíes se colocó un condón en el dedo y se lo introdujo por el ano para comprobar que no llevaba el mini teléfono móvil introducido en el conducto anal. Al ver que no lo tenía, otro marroquí del grupo agarró por el cuello al muchacho mientras rebuscaban en su celda cualquier cosa que pudiesen robarle. Cuando acabaron le dieron una paliza al muchacho y terminó en urgencias. A todo esto, el funcionario de prisión permitió esa agresión sin intentar mediar siquiera.

Otro de los casos que me contó fue que, si tu no caes en gracia o algún preso te coge manía, da igual que no hagas nada por provocar te llevan al gimnasio y te empiezan a dar una paliza entre varios. Los funcionarios están informados y saben perfectamente que ocurre en sus prisiones, pero ninguno hace nada por evitar esas cosas. Las trabajadoras sociales las llamas para informar del acoso que reciben estos presos y se lavan las manos, lo único que te dicen es que esas personas están ahí para aprender a vivir en sociedad. Si que te den una paliza diaria es aprender a socializar es que el mundo se ha vuelto loco de verdad.

Aarón no es un chico problemático, lleva evitando conflictos desde que ha entrado. Pero toda persona tiene su límite, si un día te insultan y te intentan agredir y lo evitas, pero al día siguiente vuelve a ocurrir lo mismo, y al otro y así sucesivamente durante un mes que lleva en el módulo de conflictos al final explotas, hay un refrán que dice "Va tanto el cántaro a la fuente que al final se rompe". Por ahora no ha explotado, pero ya está al límite. El respeta a las personas siempre pero cuando no te respetan a ti surgen los problemas. Le dije que se mantuviese al margen de todo y de todos, pero entiendo y por lógica aplastante que cuando pasas tantos meses metido en una prisión terminas hablando o entablando amistad con algún otro preso.

Me ha llamado Andrés sobre las once de la mañana para recordarme que tengo que hacer el siguiente pago de su tarifa, hemos quedado en hablar nuevamente el jueves para ver como quedamos el viernes, él ha cogido COVID.

Hablo con mi suegra para informarla del siguiente pago, hay que pagar el informe médico que se le hizo a Aarón, esos informes se pagan porque son de una clínica privada, me dijo que el jueves tenía el ingreso del informe, ella está pagando el informe médico y yo estoy pagando el abogado al completo. Barato un abogado penalista no es. Entre unas cosas y otras llevo gastados más de tres mil quinientos euros y aún no he terminado de pagar, eso lo sé a ciencia cierta.

Son las tres de la tarde cuando me marcho a comer, estoy siempre pegada al teléfono por si me llama Andrés para decirme que vaya a buscar a mi hijo. Estoy contenta con volver a tenerle pronto en casa, a ver si este abogado hace las cosas bien y se acaba todo este tormento.

Tengo claro que cuando Aarón salga va a tener que ir a un psicólogo, todo lo que tiene que estar viviendo allí dentro no puede ser nada bueno para su salud mental. Ya me le imagino saliendo y dándome un abrazo. Solo de escribir esto me noto como se me van formando charcos de lágrimas en mis ojos. Echo de menos sus desastres como cuando intenta cocinar y me quema todas las ollas y sartenes. Extraño reñir con él por ir dejándome tirada la ropa por casa o por no recoger el baño cuando se ducha. Añoro sentarme con él a ver juntos "la isla de las tentaciones" por criticar a todas las parejas que salen en el reality para ser infiel a sus parejas o ver una película de terror y terminar enfadada con él porque no se calla y terminas apagando la televisión.

Siempre le digo, Aarón, un día te voy a echar de casa, me tienes hasta el mismo moño, cuando menos te lo esperes te hago la maleta y te la pongo en la puerta, pero todo eso es nuestro día a día, con todo ello nosotros somos felices. Yo me desvivo por él y él se desvive por mí.

A las cinco y media de la tarde recibo un WhatsApp de Andrés.

"Anna, nos han denegado la libertad provisional de tu hijo. La juez provisional que se ha estado haciendo cargo del caso de tu hijo no quiso leer el recurso ni conceder la libertad provisional porque no lo juzgó ella, no quiso mojarse. Vamos hacer el recurso de apelación a la audiencia provincial".

No podía creer lo que estaba leyendo. ¿Cómo podían desestimar o denegar una libertad cuando ni siquiera has querido leer el recurso? Mis pocas esperanzas de que mi hijo volviese a casa se acababan de ir por el desagüe del retrete.

- *Buenas tardes Andrés. No me explico cómo ha podido pasar esto.*

- *Tranquila que nos queda el recurso a la audiencia provincial.*

- *Andrés me dijiste que un noventa y ocho por ciento me sacabas al niño en treinta días. No ha sido así.*

- *Bueno, te dije que le sacaba, yo sabía que este recurso era un cincuenta por ciento de que le sacábamos de ahí.*

- *No, me dijiste que era un noventa y ocho por ciento.*

- *Me entenderías mal, en la audiencia provincial si te aseguro que es un noventa y ocho por ciento de que salga. El problema aquí ha sido la jueza que no quería darle la libertad por no haber sido ella quien le imputase culpable.*

- *Pero es que no es culpable aún, no hubo juicio, no es un condenado.*

- *Lo se.*

- *Me acabas de dar un gran disgusto.*

- *Tranquila ya queda menos.*

- No, Andrés, eso me valía hace tres meses. Ahora solo me vale el que me den a mi hijo.

- Tu no te preocupes que pronto va a estar en casa. La audiencia provincial son tres jueces que te permiten tener una cita antes de conceder la libertad provisional. Tenemos que aprovechar esa cita y convencerles con las pruebas. Además, estos jueces no le conocen, no conocen el caso y no van a estar premeditados a prejuzgar de inmediato. Tendrán que ver conmigo las imágenes y demás.

- Si, pero eso es tiempo, tiempo que no tenemos. Andrés hay un inocente en prisión y lleva cuatro meses. Él no va a entender que no pueda salir.

- Tendrá que aguantar un poco más

- ¿De cuánto tiempo estamos hablando?

- No puedo decirte un tiempo. La audiencia provincial es lenta, muy lenta, solo puedo decirte que al ser causa con preso puede que se adelanten los tiempos, pero sigo sin poder darte una fecha. Lo siento.

- Yo lo siento mucho más te lo aseguro.

- Hablamos el jueves. Tranquila.

- Ok, voy a informar a la familia. Estábamos todos esperando buenas noticias y son malas.

Tras colgar el teléfono a Andrés reenvié el mensaje a mi suegra y mi hija mediante imagen de WhatsApp. Tantas esperanzas que habían depositado en el abogado para llevarnos un chasco aún peor. Enrique por lo menos no nos daba esperanzas de tener al niño de vuelta. Andrés nos había inflado la cabeza de esperanza e ilusión.

Mientras mi cabeza intenta asimilar toda la información que me ha dado el abogado recibo la llamada de mi suegra.

- *¿Como que nos han rechazado el recurso?*

- *No lo sé, aún estoy asimilando las palabras que me dijo el abogado. Dice que la juez de oficio no ha querido hacerse cargo del caso porque ella no había sido quien había dictado sentencia.*

- *¿Y qué más da quien dicte sentencia mientras se resuelva?*

- *Eso pienso yo, pero por lo que me dijo Andrés, la jueza se ha lavado las manos y ha procedido a desestimar el recurso para que acudamos a audiencia provincial.*

- *¿Y si nos rechaza también audiencia provincial?*

- *Nos quedará el tribunal supremo, pero recurrir ahí ya son años de lucha.*

- *¿Y ahora que dice el abogado que va hacer?*

- *Presentar un recurso de apelación entre hoy y mañana a más tardar en audiencia provincial.*

- *¿Y eso cuanto tarda en resolver?*

- *Tiempo indefinido. Me dijo que la audiencia provincial es lenta pero que al ser causa con preso puede que lo metan rápido. Igualmente, no se ha atrevido a darme un tiempo límite.*

- *Todo esto me parece surrealista.*

- *Lo es. No doy crédito a todo esto. No sé cómo se lo voy a contar a Aarón.*

- *Se lo tendría que decir el abogado que para ello se le paga.*

- El abogado me ha pasado a mí la pelota.

- Me parece todo increíble. Estamos hablando de un supuesto robo no de un asesinato.

- Lo sé, pero seguro que si hubiese matado a alguien estaría fuera. La justicia no vale para nada.

- Desde luego.

- Bueno voy a dejarte que tengo que seguir trabajando. No tengo ganas, estoy rota.

- Lo sé. Vamos a ver como termina todo esto. Besitos mi niña.

Tras terminar la conversación con mi suegra intento centrarme de nuevo en el trabajo, termino lo que estaba haciendo y me marcho a casa. Necesito pensar y organizar mi mente. Sabía que este abogado no iba a conseguir lo que se proponía. Este abogado ha resultado ser otro vendehúmos.

La decepción que me he llevado al ver que mi hijo no va a poder volver a casa por ahora ha sido horrible, otro mazazo más.

Hay una cosa que sí me ha quedado clara. Mis hijos no tenían razón al elegir a este abogado, me encantaría poder decir un "Te lo dije" pero no soy una persona que se regocija con las pifias de las personas. Sabía que este abogado nos iba a sacar el dinero incluso más que el anterior y todo porque mis hijos quisieron hacer caso a la expareja de mi exmarido.

En casa tras asimilar todo lo ocurrido hoy escribo a mi Yolanda.

- *Hola preciosa. Nos han rechazado el recurso. Como no está el juez que dictó sentencia no le dan la libertad provisional. La juez suplente no quiere mojarse.*

- *¡¡No me digas!!, lo siento mucho cariño. Esto no es justo. Te iba a escribir mañana dando un poco de tiempo a ver que se sabía.*

- *Si. Todo esto es muy injusto. Es un sin vivir. Ahora vamos a audiencia provincial.*

- *Es que todo esto no es normal, alucino con todo. ¿Qué tal está Aarón?*

- *El pobre estaba esperando que le diga el resultado. Contábamos con que salía ya. No sé cómo se lo voy a decir.*

- *Que horror. Pobre mío.*

- *Este abogado me aseguraba que lo sacaba sí o sí. No lo ha logrado ni con informe toxicológico. Se suponía que con eso se anulaba hasta la condena.*

- *¿Este si lo está moviendo?*

- *Si, pero no me inspira confianza. Va por dinero.*

- *Pero eso todos gordita.*

- *Me preocupa que no lo haya podido sacar con el informe médico.*

- *Cada vez entiendo menos todo*

- *Yo tengo claro que ahí hay alguien metiendo mano. No es normal. No tiene antecedentes y no es culpable. Está dentro. No comprendo nada de nada.*

- Desde luego no se puede pensar otra cosa. No hay adjetivo que describa lo que está viviendo el niño.

- Al final voy a escribir el libro. Quiero contarle al mundo entero de que palo va la justicia.

- Hazlo, que el mundo entero sepa el infierno que estás pasando. Son meses de pesadillas, injusticias y despropósitos.

- Un sin vivir.

- A por el libro pequeña. Ya es hora que el mundo sepa. Desgraciadamente será una obra vivida y sentida en primera persona.

- Gracias por estar siempre conmigo.

Se nos acaba el tiempo, pero a la vez necesitamos tiempo. Solo nos queda esperar.

CAPÍTULO 20

Este capítulo no es el final de nuestra historia, sólo es el final de la fase de instrucción, prometo seguir contando día a día y con detalle todo lo que vaya ocurriendo en la fase penal.

No sabemos cuánto más tiempo va a durar, no sabemos cómo va a salir todo. Lo que sí tenemos muy claro es que queremos que el mundo sepa que este sufrimiento que nosotros estamos pasando saliese a la luz.

Sabemos que hay más casos similares al nuestro, sin ir más lejos el primer día que fui a prisión a llevar documentos y ropa conocí como ya os he contado a Almudena. Su hijo también es un caso con un inocente. Este libro lo he escrito para alzar mi voz. Para gritar un ¡Basta ya!, ¡No más injusticias!

Queremos que el mundo entero se entere que la Policía no hace bien su trabajo, a ellos solo les interesa encontrar un culpable. Da igual que ni siquiera estuvieses en el lugar de los hechos o que por motivos laborales estuvieses fuera del país. Les interesa cerrar los casos sin importarles los sentimientos de las personas afectadas.

Son capaces de amañar pruebas para hacerte parecer culpable con se ha hecho en el caso de mi hijo que antes de hacer la rueda de reconocimiento le enseñaron las grabaciones de video al denunciante para que pudiese identificar después a Aarón. También colocaron en esa rueda de reconocimiento personas que no tenían ninguna similitud física con mi hijo.

Tratan de forma vejatoria a los familiares de los supuestos acusados como ha sido en mi caso que el determinado agente judicial sin un solo ápice de empatía me dijo "Si en mi mano esta, tu hijo no vuelve a ver la luz del sol en mucho tiempo y le aseguro señora que está en mi mano".

Este agente judicial con esa frase me demostró que le daba exactamente igual si mi hijo era culpable o no, tenía claro que no le iba a dejar salir.

Queremos que la gente se entere que hay personas que son capaces de inventarse una historia con tal de obtener un beneficio económico como es el caso del denunciante y sus padres que sin lugar a dudas tienen algún contacto que les ha guiado en el proceso para que se imponga una sanción tan grande a un crio de tan sólo diecinueve años.

A este tipo de personas les da igual destrozar a una persona y cuanto menos les importa destrozar una familia al completo. Gracias a ellos mi hija con tan solo dieciocho años está en tratamiento psicológico por todo el daño que le están causando a mi hijo. Yo no me puedo permitir venirme abajo, de hacerlo estoy convencida que no podría volver a recuperarme. A veces pienso que en algún momento me voy a venir abajo y tengo claro que cuando todo esto acabe voy a necesitar un buen psicólogo.

Queremos hacer saber también que hay jueces que eluden el derecho de presunción de inocencia y que con todas las pruebas que se les presenta en estos casos las omiten porque ya han prejuzgado al supuesto acusado. En el caso de mi hijo se le ha prejuzgado sin visionar los vídeos, sin tener en cuenta los informes médicos, sin darle opción a declarar. No han tenido en cuenta ni una sola prueba, incluso cuando la policía alegaba que había sido un robo con intimidación y arma blanca y no han podido demostrar con el atestado correspondiente la existencia de esa arma.

Todas estas personas a mi parecer deberían ser juzgadas de la misma forma que se ha juzgado a mi hijo. ¿Quién nos compensa el tiempo que nos han robado? ¿Quién nos da apoyo psicológico? ¿Quiénes son para creerse con el derecho de destrozar a una persona tan joven?

Mientras mi hijo está ahí dentro lidiando con gente realmente peligrosa ellos están gozando de una vida plena y llena junto a sus familiares.

No me parece nada justo que la policía que se supone que es un cuerpo para la seguridad ciudadana amañe pruebas, ¿Qué seguridad nos ofrece a los ciudadanos? Lamentablemente ninguna a mi parecer.

Si la vida fuese justa, la familia y el muchacho que han puesto la denuncia tendrían que ser sancionados por levantar falso testimonio y faltar al derecho de decir la verdad. No se puede ir inventado acusaciones tan graves.

A los jueces que están obligados a mediar en pleitos y casos serios en mi triste opinión deberían pasar por las prisiones de este país, que viesen lo que realmente es la vida ahí dentro y sólo así seguro se molestarían en leer los documentos antes de juzgar o prejuzgar a alguien. Ellos no se imaginan lo que es no ver a tu hijo en meses o a estar pendiente del teléfono por si te llaman y te dicen que a tu hijo le han apuñalado o se ha intentado suicidar. Si, todas esas cosas ocurren dentro de las prisiones, aunque los funcionarios de ellas nos intenten convencer de lo contrario.

Tengo claro que mi hijo va a salir de ahí, lo que no se es cómo ni que tipo de persona va a salir en su lugar. Una prisión le cambia la vida a la persona que ingresa.

Todas esas personas que han pasado por una situación similar a la nuestra los animo a que se hagan oír. No todos los presos son culpables. No les abandonéis y ayudadles dándoles vuestro apoyo y cariño. Allí dentro ellos piensan que están solos y que cuando salgan sus familiares no los van a mirar igual. Demostradles que están equivocados y que estáis fuera luchando por ellos.

Tras todo el sufrimiento que llevamos, seguimos luchando por demostrar la inocencia de mi hijo Aarón y poder sacarle de ahí cuanto antes. No vamos a rendirnos.

AGRADECIMIENTOS

Me permito extenderle mi agradecimiento a esas personas que han estado y están apoyándome en estos momentos tan difíciles de llevar y asimilar.

Gracias a vuestro apoyo he podido llevar a cabo este libro que espero que sirva de guía a otras personas que están o han pasado por una situación similar a la mía. Sin duda cabe decir que sin el apoyo de mi Yolanda, que es mi talismán y mi propulsora a contar mi historia, de mis chicas de la peluquería (ya sabéis quien sois), de mi jefa y sus hermanos que están teniendo mucha paciencia conmigo no habría podido llevar a término este libro.

Gracias por estar ahí, por hacerme cada día más llevadero, por darme el impulso que necesitaba para seguir luchando.

Mil gracias más por formar parte de mi vida.